Ihre Arbeitshilfen zum Download:

Die folgenden Arbeitshilfen stehen für Sie zum Download bereit:

- Aufgaben und Lösungen
- Gesetze
- Weiterführende Informationen

Den Link sowie Ihren Zugangscode finden Sie am Buchende.

Schnelleinstieg Zoll für Import und Export

Gert R. Wagner

Schnelleinstieg Zoll für Import und Export

3. Auflage

Haufe Group
Freiburg · München · Stuttgart

Bibliografische Information der Deutschen Nationalbibliothek

Die Deutsche Nationalbibliothek verzeichnet diese Publikation in der Deutschen Nationalbibliografie; detaillierte bibliografische Daten sind im Internet über http://dnb.dnb.de abrufbar.

Print:	ISBN 978-3-648-13306-4	Bestell-Nr. 12000-0003
ePub:	ISBN 978-3-648-13307-1	Bestell-Nr. 12000-0102
ePDF:	ISBN 978-3-648-13308-8	Bestell-Nr. 12000-0152

Gert R. Wagner
Schnelleinstieg Zoll für Import und Export
3. Auflage, August 2019

www.haufe.de
info@haufe.de

Bildnachweis (Cover): © vs148, Shutterstock

Produktmanagement: Dipl.-Kfm. Kathrin Menzel-Salpietro
Lektorat: Hans-Jörg Knabel, Willstätt

Inhaltsverzeichnis

Vorwort

Das Zollrecht ist Teil des Steuerrechts – mit dem Unterschied, dass es nicht nur von der deutschen Gesetzgebung, sondern selbstverständlich auch von der EU (bzw. rechtlich gesehen von der EG) gestaltet wird. Außerdem wird der Außenhandel in hohem Maße von weltweit tätigen Organisationen wie den Vereinten Nationen, der Welthandelsorganisation oder der Weltzollorganisation beeinflusst. Sie merken schon: Das Versprechen eines »Schnelleinstiegs« ist etwa so gut wie das Versprechen, dass man seine Steuererklärung auf dem Bierdeckel errechnen kann.

Was dieses Buch will und kann, ist, Ihnen einen Überblick zu geben und Ihnen mit einfachen, übersichtlichen Texten den Einstieg in ein umfangreiches und kompliziertes Recht zu ermöglichen. Es kann Ihnen Grundsätzliches erklären und Hilfen zur Selbsthilfe geben. Ein durchaus wichtiger Abschnitt befasst sich mit den Dingen, die Sie schon vor Abschluss eines Kaufvertrags beachten sollten – egal ob Sie exportieren oder importieren.

Was dieses Buch nicht leisten kann, ist, alle Facetten des Außenhandels und des Zollrechts zu beleuchten. Und weil so viele Institutionen mitwirken, kann es sein, dass es bei der Drucklegung schon eine Veränderung gegeben hat. Das wird aber am Grundsätzlichen des Inhalts kaum etwas ändern.

Der Außenhandel ist ein spannender Bereich, gerade wegen seiner Vielfältigkeit. Und sicher ist gerade hier: Wissen ist Geld, Unwissenheit kann indes viel Geld kosten. Lassen Sie sich darauf ein, es macht durchaus Spaß.

Zum Schluss eine Bitte: Niemand ist fehlerfrei. Sollten Sie in diesem Buch inhaltliche Fehler entdecken, bin ich für jede Kritik dankbar, für Ergänzungswünsche ebenso.

Gert Wagner

1 Einführung

In diesem Kapitel werden einige Grundlagen vorgestellt, die Sie zum Verständnis der weltweit und EU-weit geltenden Regelungen benötigen, und einige Begriffe erläutert, die für die weiteren Kapitel dieses Buches von Bedeutung sind. Wenn hier meist der Begriff »**Europäische Gemeinschaft (EG)**« und nicht »**Europäische Union (EU)**« verwendet wird, liegt das daran, dass die EU ein politisches »Gebäude« ist, die EG aber die rechtliche Grundlage.

Wir beginnen unsere Darstellung mit einem Überblick über den Aufbau der deutschen Zollbehörde. Da es beim Zollrecht um Steuerrecht geht, steht an der Spitze das Bundesministerium der Finanzen:

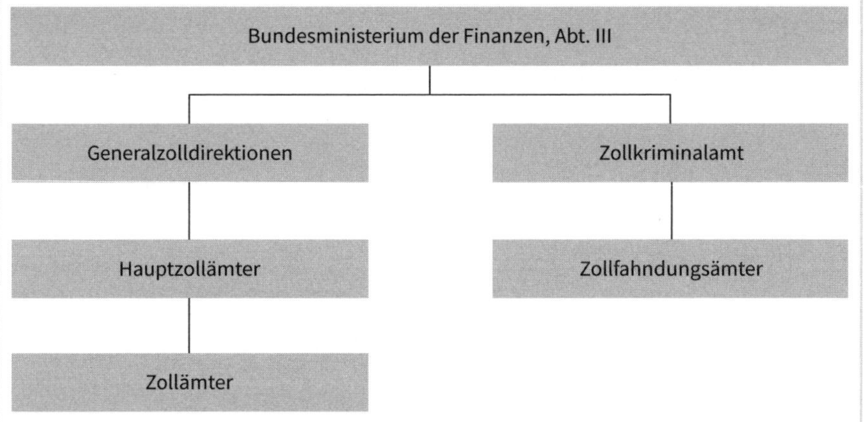

Abb. 1: Aufbau der deutschen Zollbehörde

Von unten angefangen: Bei den Zollämtern wird die eigentliche Zollabfertigung gemacht; hier müssen die Beamten auch Dienstkleidung tragen. Übergeordnet sind die Hauptzollämter, an die langfristige Anträge wie »sicherer Wirtschaftsbeteiligter«, die Errichtung eines Zolllagers usw. zur richten sind. Sie unterstehen den Bundesfinanzdirektionen, die die früheren Oberfinanzdirektionen abgelöst haben.

Parallel sind dem Ministerium das Zollkriminalamt und die Zollfahndungsämter unterstellt. Parallel deshalb, weil bei Straftaten ja durchaus auch Zoll- oder Hauptzollämter beteiligt sein können. Die Zollfahndungsämter haben die Befugnisse der Staatsanwaltschaft und können z. B. Hausdurchsuchungen durchführen oder prüfen, ob ein Lkw mit Heizöl statt mit Diesel fährt. Das Zollkriminalamt verfolgt Straftaten und führt kriminologische Untersuchungen durch.

Das Ausfüllen von Formularen stellen wir im Folgenden nur beschränkt dar. Die Gründe dafür sind: Es gibt eine Vielzahl von Außenwirtschafts- und Zollformularen, für viele sind Merkblätter und Anträge zum Ausfüllen im Netz abrufbar (zoll.de, dihk.de usw.). Und gerade bei den wichtigsten Verfahren – der Ausfuhr und der Einfuhr – kommen Formulare nur bedingt zum Einsatz; in der Regel erfolgt die Abfertigung mithilfe von Software. Hierzu gibt es eine Reihe von Anbietern, deren Programme aber alle auf den von der EU vorgegebenen Formularen basieren.

!

Hinweis: Links und Änderungen finden Sie auf den Arbeitshilfen online

Viele Darstellungen in diesem Buch sind Webseiten entnommen, deren Adressen angegeben sind. Wenn Ihnen dort das Suchen zu mühsam ist, gibt es den Hinweis »Link«. Über die Arbeitshilfen online können Sie dann direkt auf die entsprechenden Seiten springen.
Sollten sich nach Erscheinen des Buchs gravierende Änderungen ergeben, finden Sie diese Änderungen ebenfalls auf den Arbeitshilfen online.

1.1 Wirtschaftsräume – Zollunion – Freihandelszonen

Während Grenzen in früheren Jahrhunderten eher die nationalen Wirtschaftsräume (Volkswirtschaften) geschützt haben, hat sich im Laufe der Zeit gezeigt, dass – auch bedingt durch eine immer stärkere weltweite Arbeitsteilung – alle Beteiligten von offenen Grenzen und größeren Wirtschaftsräumen profitieren.

In Europa hat sich nach dem Zweiten Weltkrieg zunächst die Europäische Gemeinschaft Kohle und Stahl (EGKS; auch Montanunion) gebildet, weil man der Auffassung war, dass man damit weitere Kriege um Rohstoffe verhindern könne. Aus der Europäischen Gemeinschaft Kohle und Stahl, deren Regelungen zum Teil bis heute gelten, hat sich 1959 durch die römischen Verträge die Europäische Wirtschaftsgemeinschaft (EWG) gebildet, die von vornherein als eine **Zollunion** gedacht war. Das bedeutet: freier Handel unter den Mitgliedsstaaten (damals: Belgien, Deutschland, Frankreich, Italien, Luxemburg und die Niederlande) und eine gemeinsame Zollaußengrenze mit einheitlichen Zollsätzen.

Heute umfasst diese Zollunion nach Titel I, Kapitel 1, Artikel 3 des Zollkodex die folgenden Gebiete, einschließlich ihrer Küstenmeere, ihrer inneren Gewässer und ihrer Lufträume:

- das Gebiet des Königreichs Belgien,
- das Gebiet der Republik Bulgarien,
- das Gebiet der Tschechischen Republik,

- das Gebiet des Königreichs Dänemark mit Ausnahme der Färöer und Grönlands,
- das Gebiet der Bundesrepublik Deutschland mit Ausnahme der Insel Helgoland sowie des Gebietes von Büsingen (Vertrag vom 23. November 1964 zwischen der Bundesrepublik Deutschland und der Schweizerischen Eidgenossenschaft),
- das Gebiet der Republik Estland,
- das Gebiet Irlands,
- das Gebiet der Hellenischen Republik,
- das Gebiet des Königreichs Spanien mit Ausnahme von Ceuta und Melilla,
- das Gebiet der Französischen Republik mit Ausnahme der französischen überseeischen Länder und Hoheitsgebiete, auf die der vierte Teil des AEUV Anwendung findet,
- das Gebiet der Republik Kroatien,
- das Gebiet der Italienischen Republik mit Ausnahme der Gemeinden Livigno und Campione d'Italia sowie des zum italienischen Gebiet gehörenden Teils des Luganer Sees zwischen dem Ufer und der politischen Grenze der zwischen Ponte Tresa und Porte Ceresio gelegenen Zone,
- das Gebiet der Republik Zypern nach Maßgabe der Beitrittsakte von 2003,
- das Gebiet der Republik Lettland,
- das Gebiet der Republik Litauen,
- das Gebiet des Großherzogtums Luxemburg,
- das Gebiet Ungarns,
- das Gebiet Maltas,
- das Gebiet des Königreichs der Niederlande in Europa,
- das Gebiet der Republik Österreich,
- das Gebiet der Republik Polen,
- das Gebiet der Portugiesischen Republik,
- das Gebiet Rumäniens,
- das Gebiet der Republik Slowenien,
- das Gebiet der Slowakischen Republik,
- das Gebiet der Republik Finnland,
- das Gebiet des Königreichs Schweden und
- das Gebiet des Vereinigten Königreichs Großbritannien und Nordirland sowie die Kanalinseln und die Insel Man.

Andorra, Monaco (Frankreich) und San Marino (Italien) sind aufgrund ihrer wirtschaftlichen Verträge mit Frankreich bzw. Italien ebenfalls Mitglieder.

Großbritannien hat den Vertrag inzwischen gekündigt (**Brexit**), sodass es spätestens ab Oktober 2019 nicht mehr Mitglied sein wird. Wie es weitergeht, war zur Drucklegung des Buches noch immer ungeklärt. Mögliche Varianten werden im Anhang dargestellt.

Als Konkurrenz gründete sich damals in Westeuropa die Europäische Freihandelsassoziation (EFTA) und im Ostblock der Council for Mutual Economic Assistance (Comecon). Die Europäische Freihandelsassoziation war – und ist – als **Freihandelszone** konzipiert, d. h.: freier Handel unter den Mitgliedstaaten, aber unterschiedliche nationale Außenzölle. Im Laufe der Zeit erwies sich das Modell der Zollunion als erfolgreicher, und die meisten ehemaligen EFTA-Mitglieder wechselten zur EWG und später zur EG. Heute gehören nur noch Island, Liechtenstein, Norwegen und die Schweiz zur Europäischen Freihandelsassoziation, die wiederum mit der EG Verträge zur Bildung des Europäischen Wirtschaftsraums (EWR) geschlossen haben – mit Ausnahme der Schweiz, die sich aber de facto an das Abkommen hält.

Inzwischen haben sich weltweit viele solcher größeren Wirtschaftsräume gebildet, viele als Freihandelszonen wie z. B. das Nordamerikanische Freihandelsabkommen (NAFTA) mit Kanada, den USA und Mexiko, aber auch Zollunionen nach dem Vorbild der EG werden angestrebt, z. B. in Afrika und Asien. Das Abkommen zwischen der EU und Kanada (Comprehensive Economic and Trade Agreement; CETA) ist seit September 2017 teilweise in Kraft. Das Abkommen zwischen der EU und den USA (Transatlantic Trade and Investment Partnership; TTIP) ist gestoppt.

Die EU ist eine Steigerung der bisherigen EG, nämlich ein politisches Gebilde. Sie wird von drei Säulen getragen: der EG, der gemeinsamen Sicherheits- und Außenpolitik (GASP) und der gemeinsamen Sozialpolitik. Für unsere weiteren Betrachtungen spielt nur die EG eine Rolle. Sie ist die Rechtsform und somit auch die Rechtsgrundlage.

1.2 Bedeutende internationale Organisationen

Weltzollorganisation – Welthandelsorganisation – UN – ICC

Die Weltzollorganisation (**WCO**) mit Sitz in Brüssel ist eine Organisation, in der die Zollverwaltungen von über hundert Mitgliedstaaten gemeinsam über Zollbelange beraten, um sie weltweit zu vereinheitlichen. Ihr wichtigstes Werk ist das Harmonisierte System (**HS**), ein Warenkatalog, in dem sämtliche Waren der Welt enthalten sind – selbst solche, die noch gar nicht erfunden wurden (siehe Kapitel 1.3). Dieser Warenkatalog ist für die meisten Mitgliedstaaten der Weltzollorganisation die Grundlage des nationalen Zolltarifs. Er wurde von vielen Mitgliedstaaten als Gesetz ratifiziert und wird von anderen auf freiwilliger Basis verwendet. Den Waren werden Nummern zugeordnet. Man kann sicher sein, dass mindestens die ersten vier Ziffern weltweit (fast überall) angewendet werden.

Die Welthandelsorganisation (**WTO**, früher: GATT) versucht, den Handel für ihre Mitgliedstaaten zu vereinheitlichen und zu erleichtern, damit Handelspartner in unterschiedlichen Staaten von ähnlichen bzw. einheitlichen Bedingungen ausgehen können – z. B., was die Ermittlung des Zollwerts anbelangt. Die Welthandelsorganisation setzt sich auch für Zollsenkungen, Subventionsabbau und Ähnliches ein. Letztendlich fließen bei ihr alle nationalen Handelsstatistiken zusammen und jeder kann sich bei der Welthandelsorganisation über das Handelsvolumen eines bestimmten Landes oder über Welthandelsstatistiken usw. informieren (wto.org).

Auch die Vereinten Nationen (**UN**) beeinflussen den Handel. So wurde von ihnen das **Ursprungsrecht** festgelegt, das auch in den EU-Zollkodex eingeflossen ist: Welche Voraussetzungen müssen gegeben sein, damit eine Ware als Ursprungsware eines Lands gilt? Diese Frage ist insofern wichtig, als es heute außer im landwirtschaftlichen Bereich und im Falle von Rohstoffen kaum noch ein Produkt gibt, das vollständig in einem Land hergestellt wird. Von den Vereinten Nationen wurde außerdem ein internationaler Kaufvertrag (UNCITRAL) entwickelt, der den Vertragsparteien mehr Rechtssicherheit bietet.

Weiterhin sind vor allem **Embargos** der Vereinten Nationen zu beachten. Gegen welche Staaten oder Personen ein Handelsembargo besteht, lässt sich auf der Website des Bundesamts für Wirtschaft und Außenhandel (**BAFA**) nachlesen (siehe auch Kapitel 2). Außerdem bestimmen die Vereinten Nationen, welche Staaten zu den Entwicklungsländern gehören – und damit auch Zollpräferenzen bei der EU erhalten können.

Auch die Internationale Handelskammer (**ICC**) hat einen starken Einfluss auf den Außenhandel. Zum einen kann man von ihr viele Auskünfte für den Im- und Export erhalten, zum anderen hat sie sowohl die Regeln für Akkreditivgeschäfte (L/C) und international einheitliche Lieferbedingungen (**Incoterms®**, International Commercial Terms) als auch Zolldokumente (Carnet A. T. A.) entwickelt. Wir konzentrieren uns im vorliegenden Buch auf die Zolldokumente. Was die anderen Themen anbelangt, gibt es bereits ausreichend Literatur. Eine gute Kenntnis der Incoterms® ist für das Verständnis der Zollwertermittlung allerdings notwendig (siehe Kapitel 4.2.4). Einen Kurzüberblick über die Incoterms® finden Sie im Anhang des Buchs.

Die oben genannten Institutionen sind bei weitem nicht die einzigen – gleichwohl aber die wichtigsten –, die das Außenhandelsgeschäft beeinflussen. Es gibt noch viele weitere Institutionen (Gesundheitsbehörden, Washingtoner Artenschutzabkommen (CITES) usw.), auf die wir hier nicht eingehen, weil wir im Rahmen eines Schnelleinstiegs nicht jeden »Spezialfall« behandelt können. Insgesamt fallen alle Handelshemmnisse – z. B. auch Markenschutz- und Designschutzrechte – unter die Rubrik **Verbote und Beschränkungen (VuB)**. Darüber wird umfassend auf zoll.de informiert.

1.3 Zollrecht

Zunächst sollten Sie wissen, dass unser Zollrecht im Wesentlichen von der EU bestimmt wird. Sie erlässt jedes Jahr eine Reihe von Verordnungen und Richtlinien. Eine **Verordnung** hat bei uns direkte Gesetzeskraft, wie z. B. der Zollkodex, eine **Richtlinie** muss indes durch die nationale Gesetzgebung erfüllt oder konkretisiert werden, wie z. B. die Umsatzsteuerrichtlinie[1]. Unterscheiden können Sie beide dadurch, dass die Jahreszahl bei einer Verordnung *nach* und bei einer Richtlinie *vor* der laufenden Nummer steht.

Das EG-Zollrecht ist im Zollkodex der Gemeinschaft (VO (EU) Nr. 952/2013)[2] und in den dazugehörigen **delegierten Rechtsakten und Durchführungsrechtsakten** festgelegt. Die in den Fußnoten abgedruckten Links zu den Gesetzestexten sollen Sie dazu animieren, im Zweifelsfall immer den Originaltext zu Hilfe zu nehmen, denn er ist die Rechtsgrundlage für alle EG-Staaten. Sie können anhand der Nummer übrigens auch erkennen, dass es sich beim Zollkodex um eine Verordnung mit Gesetzeskraft in allen Mitgliedstaaten handelt, weil die Jahreszahl (92) hinter der laufenden Nummer (2913) steht.

National ist die Abgabenordnung (AO), also unser Steuerrecht, von Bedeutung. Das deutsche Zollverwaltungsgesetz (ZVG) spielt für Praktiker keine wesentliche Rolle.

Alle Rechtsgrundlagen sind in Deutschland in der Vorschriftensammlung Finanzverwaltung (**VSF**) gesammelt.

Zollrechtlicher Status von Waren

Waren, die sich im freien Verkehr der EG befinden, werden unabhängig von ihrem Herstellungsort als **Unionswaren** bezeichnet. Wurde also eine Ware aus China eingeführt und zum zoll- und steuerrechtlich freien Verkehr abgefertigt, kann sie sich innerhalb des Zollgebiets der Gemeinschaft frei bewegen und ist damit Unionsware, früher nannte man das Freigut.

Eine Ware aus einem Drittland (= kein EG-Staat) bleibt so lange **Nichtunionsware**, so lange sie noch nicht zum freien Verkehr abgefertigt wurde; früher nannte man die Ware dann Zollgut. Wird Nichtunionsware innerhalb der EG weiterverkauft oder transportiert, ist ihr Weiterverkauf oder Transport wie Extrahandel (siehe Kapitel 1.4) zu behandeln und erfordert alle notwendigen Zolldokumentationen.

---

1 Alle EG-Staaten müssen als Umsatzsteuer das Mehrwertsteuersystem haben. Nur zwei Steuersätze sind erlaubt (dazu auch ein »Null-Satz«). Der Regelsteuersatz muss zwischen 15 und 25 Prozent liegen, der ermäßigte Satz zwischen 5 und 10 Prozent.

2 Siehe http://ec.europa.eu/taxation_customs/common/consultations/customs/article_848_de.htm.

1.3.1 Intrahandel und Extrahandel

Vom **Intrahandel** spricht man, wenn **Unionsware** innerhalb der EG ge- und verkauft wird. Er ist inzwischen weitgehend liberalisiert und kann ohne Zollformalitäten abgewickelt werden. Steuerliche und statistische Meldungen müssen allerdings erbracht werden.

Als **Extrahandel** bezeichnet man den Handel mit fremden Zollgebieten (Drittstaaten) und den Handel mit **Nichtunionswaren**. Er unterliegt der zollamtlichen Überwachung und erfordert die notwendige Dokumentation – sei es in Papierform oder mithilfe der EDV.

Für beide Bereiche müssen statistische Meldungen an das **Statistische Bundesamt** in Wiesbaden gemacht werden. Die Meldungen aus beiden Bereichen werden in der **Außenhandelsstatistik** der Bundesrepublik Deutschland zusammengeführt (nach dem Außenwirtschaftsgesetz (AWG) ist Außenhandel der Handel mit fremden **Wirtschafts**gebieten). Die Welthandelsorganisation veröffentlicht ihre Welthandelsdaten ebenfalls aufgrund dieser Meldungen. Sie führt sowohl eine Welthandelsstatistik mit einzelnen Nationen als auch eine, in der die EU insgesamt als ein Export/Import-Gebiet betrachtet wird. Unten sehen Sie einen Ausschnitt der Außenhandelsstatistik des Statistischen Bundesamts.

Außenhandel (Spezialhandel) in Mill. EUR (bis 1959 ohne Saarland; bis einschließlich 1989 früheres Bundesgebiet)

Jahr	Exporte	Importe	Außenhandelssaldo
2013	1.093.115	898.164	194.950
2012	1.095.766	905.925	189.841
2011	1.061.225	902.523	158.702
2010	951.959	797.097	154.863
2009	803.312	664.615	138.697
2008	984.140	805.842	178.297
2007	965.236	769.887	195.348
...	...	...	...
1993	321.289	289.644	31.645
1992	343.180	325.972	17.208
1991	340.425	329.228	11.197
1990	348.117	293.215	54.901

Jahr	Exporte	Importe	Außenhandelssaldo
1989	327.759	258.951	68.808
1988	290.237	224.769	65.468
...	...	...	...
1972	76.194	65.826	10.368
1971	69.541	61.416	8.125
1970	64.053	56.041	8.012
1969	58.061	50.092	7.968
...	...	...	...
1953	9.472	8.186	1.286
1952	8.645	8.284	361
1951	7.453	7.529	-76
1950	4.275	5.815	-1 540

Anhand der Tabelle können Sie gut erkennen, dass Deutschland Anfang der 50er-Jahre des letzten Jahrhunderts nach dem Krieg ein Außenhandelsdefizit hatte, das aber schon 1952 überwunden war – seitdem gibt es nur Außenhandelsüberschüsse, auch in den nicht dargestellten Jahren. Die Wiedervereinigung in Jahr 1990 und die Finanzkrise von 2008 sind ebenfalls gut zu erkennen.

1.3.2 Das Harmonisierte System

Wie wir schon in Kapitel 1.2 kurz erwähnt haben, hat die Weltzollorganisation (auch Brüsseler Zollrat) einen Warenkatalog zusammengestellt, in dem sich jede Ware namentlich oder mithilfe einer Umschreibung finden lässt: das Harmonisierte System. Dieser Warenkatalog ist wie folgt aufgebaut:

- Er besteht aus 21 Abschnitten (I-XXI) mit 97 (99) Kapiteln.
- Die Kapitel 1 bis 24 behandeln landwirtschaftliche Produkte, die Kapitel 25 bis 97 industrielle Produkte, auch wenn das Vorprodukt, wie z. B. Holz, landwirtschaftlich ist. 98 und 99 sind Warenzusammenstellungen.
- Systematisch wird immer mit dem Rohprodukt begonnen. Je weiter hinten im Warenkatalog ein Produkt aufgeführt ist, umso höher ist sein Verarbeitungsgrad.
- Die ersten beiden Ziffern einer Warennummer sind die Kapitelnummern.
- Innerhalb der Kapitel gibt es Positionen (dritte und vierte Ziffer) und Unterpositionen (fünfte und sechste Ziffer).
- Bis zur Position werden die Ziffern fast weltweit einheitlich verwendet.

Die Warennummer setzt sich also wie folgt zusammen:

12	= Kapitelnummer
1234	= Positionsnummer oder HS-Code
1234 56	= Unterposition
1234 5678	= NIMEXE (**N**omenklatur **Im**port **Ex**port **E**uropa)
1234 5678 90	= EG-einheitliche Warennummer für die Einfuhr
1234 5678 90 0	= deutsche Zusatzziffer

Bei Exporten ist die NIMEXE zu verwenden, die in ganz Europa (geografisch betrachtet, nicht nur in der EG) einheitlich verwendet wird. Bei Importen ist mindestens die elfstellige Ziffer zu verwenden, die ggf. durch Zusatzcodes ergänzt werden muss.

Weiteres zu diesem Thema finden Sie insbesondere in Kapitel 4.2.2. So spielt die Positionsnummer beim Ursprungsrecht eine Rolle (siehe Kapitel 3.3), die komplette Warennummer entscheidet (mit) über die Höhe des Zollsatzes.

Exporteure können den Importeuren die Arbeit erleichtern, wenn sie die Warennummer auf der Handelsrechnung erwähnen. Die Idee des Harmonisierten Systems war es, dass zumindest die Positionsnummer Teil der Artikelnummer sein sollte – ein Wunschgedanke. Auch wenn der Tarif im Käuferland anders aufgebaut ist, stimmen zumindest die ersten vier Ziffern und erleichtern dem Käufer das Einreihen.

1.4 Das ATLAS-System – Papier oder EDV?

Das automatisierte Tarif- und lokale Zollabwicklungssystem (ATLAS) ist das Betriebssystem der deutschen Zollverwaltung[3]. Auf diesem Betriebssystem basieren alle Softwareprogramme verschiedener Anbieter für die Zollabwicklung und auch die Internetzollanmeldungen der Zollbehörden. Eine Abfertigung mit dem **Einheitspapier** (siehe Mustervordruck der EU), ist nur in wenigen Fällen bei »Normalverfahren« erlaubt. Zum Beispiel müssen Sie ein Ausfuhrbegleitdokument (früher Ausfuhranmeldung bzw. Ausfuhrerklärung) immer elektronisch erstellen, es sei denn, Sie haben einen Ausfall in der EDV. Gleichwohl muss ein PDF-Ausdruck die Ware begleiten. Der abgebildete Mustervordruck ist übrigens als Excel-Datei auf der Website der EU hinterlegt. Letztendlich basieren alle Softwarelösungen auf dieser Art der Datenverarbeitung.

3 In Österreich heißt das Betriebssystem z. B. E-Zoll, in der Schweiz EZV.

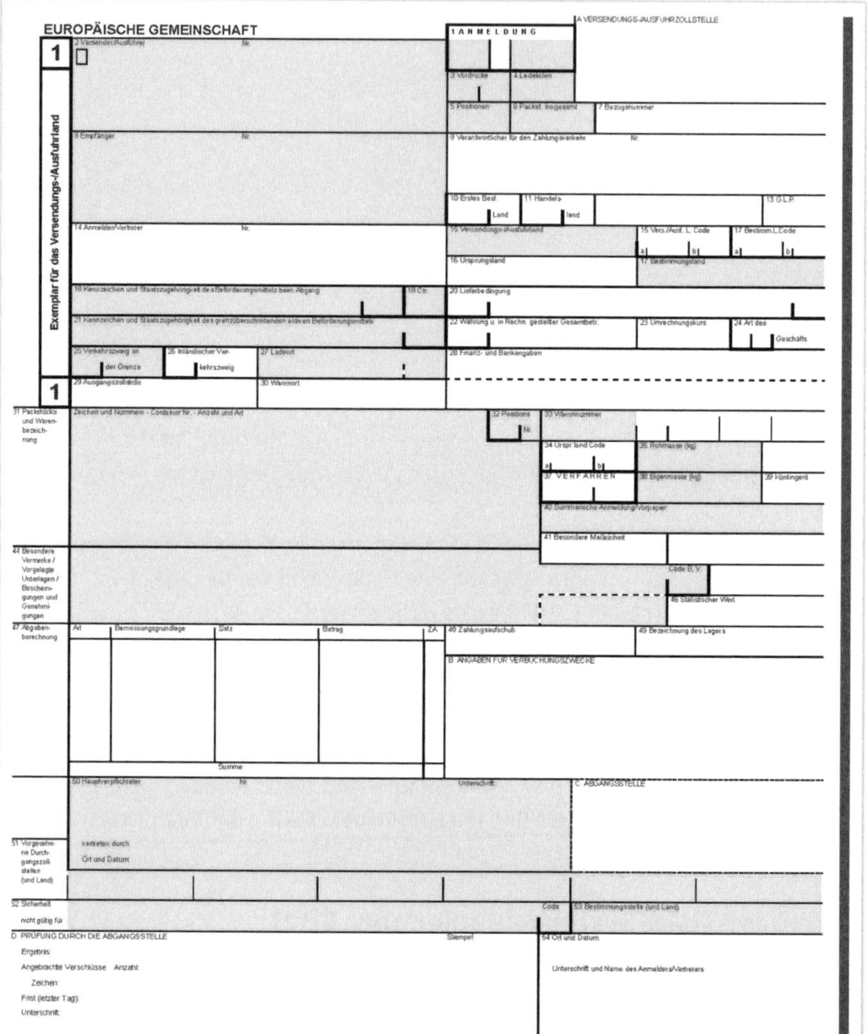

Abb. 2: Mustervordruck der EU

Zu diesem Einheitspapier gibt es ein etwa 150-seitiges »**Merkblatt zu Zollanmeldungen, summarischen Anmeldungen und Wiederausfuhranmeldungen**«, das man bei zoll.de herunterladen oder in Formularverlagen kaufen kann[4].

4 Siehe http://www.zoll.de/SiteGlobals/Forms/FormularMerkblattSuche/FormularMerkblattSuche_BegriffSuche_solr_form.html?gtp=111760_list%253D3&cl2Taxonomies_Themen_3=zollrecht.

Das ATLAS-Verfahren lässt sich auf die folgenden Zollverfahren anwenden: Abfertigungen

- in den zollrechtlich freien Verkehr (siehe Kapitel 4.2),
- in die aktive Veredelung (siehe Kapitel 5.3.),
- in das Umwandlungsverfahren (siehe Kapitel 5.5.),
- in ein Zolllagerverfahren (siehe Kapitel 5.2.),
- in ein Versandverfahren (siehe Kapitel 5.1.) oder
- in ein Ausfuhrverfahren (siehe Kapitel 3.2).

Andere Zollverfahren bei der Einfuhr müssen Sie nach wie vor auf Papier abfertigen. Das Einheitspapier wird in allen EU-Staaten und auch in einigen Nicht-EU-Staaten einheitlich verwendet. Es bildet die Grundlage für alle Ausfuhr-, Versand- und Einfuhrverfahren. Darüber hinaus kann es weitere Funktionen übernehmen (Warenverkehrsbescheinigung, Erstattungsdokument usw.).

Die Nummerierung der Felder des PDF-Ausdrucks einer EDV-Zollanmeldung entspricht der Nummerierung des Einheitspapiers. Insofern ist es empfehlenswert, für jede Art von Zollanmeldung das oben genannte Merkblatt zum Einheitspapier zur Hand zu haben, zumal es viele zu verwendende Verfahrens- oder ISO-Codes enthält. Außerdem hat, wer die Papierversion des Einheitspapiers ausfüllen kann, auch keine Probleme mit der elektronischen Erstellung.

Ein Unternehmen, das Außenhandelsgeschäfte betreibt, hat die Wahl, ob es

- Software selbst erwirbt (mindestens 20 Anwendungen pro Monat),
- die Abwicklung einem Dritten (Spediteur) überlässt,
- selbst über einen »dezentralen Kompetenzpartner« (DezKomP) abwickelt (dies kann ein Softwareanbieter oder ein Spediteur sein),
- die Möglichkeit der Internetzollanmeldung nutzt (bei nur wenigen Anwendungen).

Auf den Punkt gebracht !

- Mit der internationalen Arbeitsteilung entstehen immer größere Wirtschaftsräume.
- Außenhandelsregeln werden durch internationale Institutionen immer mehr vereinheitlicht.
- Der Zollkodex der EU unterscheidet zwischen dem Intrahandel (innerhalb der EU) und dem Extrahandel (mit Drittstaaten).
- Es wird zwischen Unionswaren (Freigut) und Nichtunionswaren (Zollgut) unterschieden.
- International wird ein einheitlicher »Warenkatalog« zur Einreihung von Waren verwendet: das Harmonisierte System.

2 Vor dem Kaufvertrag

Bevor Sie einen Kaufvertrag abschließen, sollten Sie einige Dinge beachten. Hier gehen wir nicht auf Zahlungssicherungen, Transportarten und -wege, Devisenbestimmungen usw. ein, die ebenfalls von großer Bedeutung sind, sondern nur auf zoll- und außenhandelstechnische Dinge.

Trotz des freien Welthandels gibt es eine Reihe von Verboten und Beschränkungen, die es sowohl beim Export als auch beim Import zu beachten gilt. So müssen – je nach Land – unterschiedliche Dokumente besorgt werden. Zu klären ist, wer diese Dokumente besorgen muss oder kann. Den Incoterms® zufolge ist zwischen den Kaufvertragsparteien klar geregelt, für welche Dokumente der Verkäufer und für welche der Käufer verantwortlich ist. Manche Dokumente erhält man allerdings nur über einen Dienstleister (z. B. über einen Spediteur); diesen kann man auch mit der Erstellung mancher Dokumente beauftragen.

Generell muss jedes Unternehmen, das im Außenhandel tätig wird, eine **EORI-Nummer** beantragen (Economic Operators' Registration and Identification Number bzw. Nummer zur Registrierung und Identifizierung von Wirtschaftsbeteiligten). Die EORI-Nummer muss insbesondere in Zollanmeldungen und summarischen Ein- und Ausgangsanmeldungen zur Identifizierung der Beteiligten angegeben werden. Ausführliche Informationen zur Beantragung einer EORI-Nummer usw. finden Sie auf der Webseite des Zolls (zoll.de). Auf der Homepage werden Sie am linken Rand unter »Häufig gesucht« zu diesen Informationen weitergeleitet (siehe Bildschirmausschnitt).

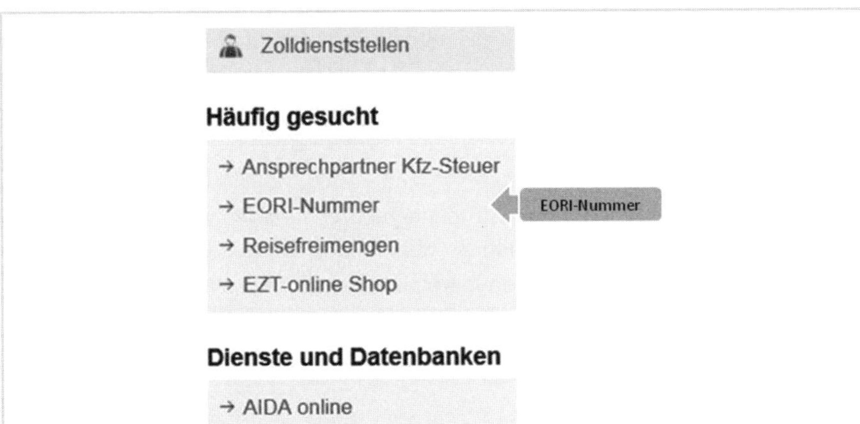

Abb. 3: Link zur EORI-Nummer auf www.zoll.de

2.1 Export

Bei Exporten und Importen ist generell das deutsche **Außenwirtschaftsgesetz**[5] zu beachten. Es besagt, dass der Handel zwar grundsätzlich frei ist, aber gleichwohl Einschränkungen aufgrund des AWG selbst oder aufgrund zwischenstaatlicher Vereinbarungen (EU, UN usw.) unterliegt.

Die wichtigsten Einschränkungen im Wortlaut des AWG sind:

§ 4 Abs. 1 AWG (Auszug)

Der Handel kann beschränkt werden, um
1. die wesentlichen Sicherheitsinteressen der Bundesrepublik Deutschland zu gewährleisten,
2. eine Störung des friedlichen Zusammenlebens der Völker zu verhüten oder
3. eine erhebliche Störung der auswärtigen Beziehungen der Bundesrepublik Deutschland zu verhüten,
4. die öffentliche Ordnung oder Sicherheit der Bundesrepublik Deutschland im Sinne von Artikel 36, 52 Absatz 1 und des Artikels 65 Absatz 1 des Vertrags über die Arbeitsweise der Europäischen Union zu gewährleisten. …

Die Einschränkung des freien Handels bezieht sich insbesondere auf alles, was mit der Aus- oder Durchfuhr von **Waffen, Munition und Kriegsgerät** zu tun hat; hierunter fallen auch Produktionsmittel und Konstruktionszeichnungen. Verstöße gegen diese Bestimmungen können mit einer Freiheitsstrafe von bis zu fünf Jahren geahndet werden – auch wenn man als Deutscher die Straftat im Ausland begeht.

Das AWG enthält auch die gesetzliche Grundlage für eine Reihe von **Meldebestimmungen** für Statistiken und für den Zahlungsverkehr, die beim Export beachtet werden müssen. Ausführungsbestimmungen zum AWG sind in der Außenwirtschaftsverordnung (**AWV**)[6] enthalten.

Zu den zwischenstaatlichen Vereinbarungen gehören – neben vielen anderen – die **EG-dual-use-VO** (Waren mit doppeltem – also friedlichem und kriegerischem – Verwendungszweck), das Chemiewaffenübereinkommen (**CWÜ**) und das Washingtoner Artenschutzabkommen (Convention of international Trade of endangered Species; **CITES**).

5 Siehe http://www.gesetze-im-internet.de/awg_2013/index.html.
6 Siehe http://www.gesetze-im-internet.de/awv_2013/index.html.

Unter die EG-dual-use-VO fallen die folgenden Güterkategorien:

Kategorie 0	Kerntechnische Materialien, Anlagen und Ausrüstung
Kategorie 1	Besondere Werkstoffe und Materialien und zugehörige Ausrüstung
Kategorie 2	Werkstoffbearbeitung
Kategorie 3	Allgemeine Elektronik
Kategorie 4	Rechner
Kategorie 5	Telekommunikation und »Informationssicherheit«
Kategorie 6	Sensoren und Laser
Kategorie 7	Luftfahrtelektronik und Navigation
Kategorie 8	Meeres- und Schiffstechnik
Kategorie 9	Luftfahrt, Raumfahrt und Antriebe

Beim Bundesamt für Wirtschaft und Ausfuhrkontrolle können Sie die einzelnen Kategorien aufrufen und nachsehen, welche konkreten Produkte darunterfallen. Für diese Produkte muss eine Ausfuhrgenehmigung beantragt werden. Sie ist an das Bundesamt für Wirtschaft und Ausfuhrkontrolle zu stellen. Unter bafa.de[7] können Sie auf der Homepage den Link »Ausfuhrkontrolle« ansteuern. Hier erhalten Sie alle Informationen über ausfuhrbeschränkte Güter (Link: **Güterlisten**) und auch über Embargos und weitere Beschränkungen.

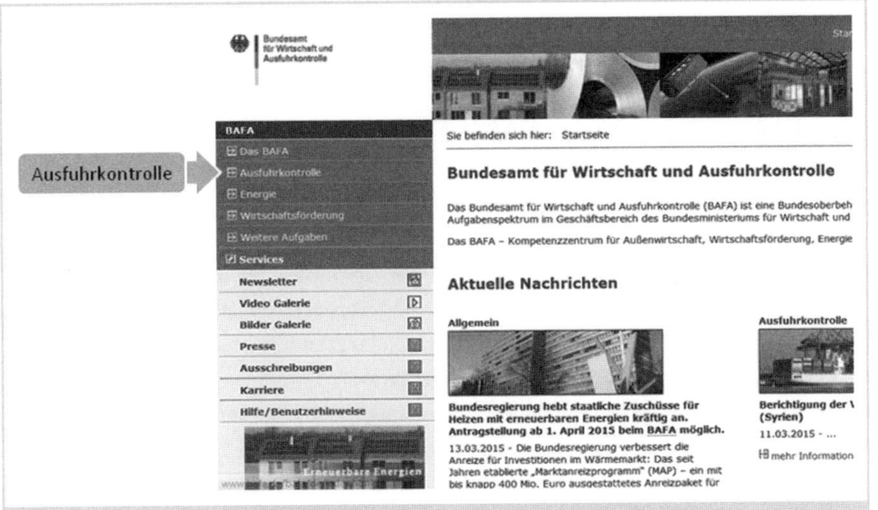

Abb. 4: Auszug aus der Homepage des Bundesamts für Wirtschaft und Ausfuhrkontrolle

7 Siehe http://www.ausfuhrkontrolle.info/ausfuhrkontrolle/de/.

Grundsätzlich ist ein Export ausfuhrbeschränkter Waren immer dann möglich, wenn man beim Bundesamt für Wirtschaft und Ausfuhrkontrolle eine **Ausfuhrgenehmigung** beantragt und auch erhalten hat. Für bestimmte Güter wird zur Überwachung eine Ausfuhrkontrollmeldung (AKM) verlangt.

Außerdem sollten Sie rechtzeitig Informationen über die **Einfuhrbestimmungen** des Ziellands einholen, weil viele Staaten besondere Begleitdokumente fordern (Konsulats- oder Zollfakturen u. Ä.). Informieren können Sie sich bei der Industrie- und Handelskammer (IHK) und bei den Außenhandelskammern des Bestimmungslands sowie durch Nachschlagewerke wie »K und M« (Konsulats- und Mustervorschriften von der IHK Hamburg), »Exportpraxis« oder durch andere Veröffentlichungen privater Verlage.

Auch wenn das alles eher vom Außenhandel abschreckt: Eine genaue Prüfung vor dem Vertragsabschluss kann Sie vor unangenehmen Überraschungen schützen. Außerdem gibt es bei den meisten Handelsprodukten keine Einschränkungen. Umgekehrt ist man oft überrascht, wie schnell ein Produkt unter die ausfuhrbeschränkten Waren fallen kann (z. B. Hydraulik, IT-Produkte usw.).

2.2 Import

Was wir für den Export bezüglich der Beachtung der Verbote und Beschränkungen im Außenwirtschaftsverkehr gesagt haben, gilt auch für den Import. Darüber hinaus müssen Sie beim Import aber noch mehr beachten, weil Sie es hier mit Einfuhrabgaben, also mit Steuern, zu tun haben.

Vor dem Abschluss eines Kaufvertrags sollten Sie deshalb immer einen Blick in den Zolltarif (siehe Kapitel 4.2.2) werfen und die folgenden Fragen klären:

- Ist eine Einfuhrgenehmigung erforderlich?
- Welcher Zollsatz ist zu zahlen? Der übliche Drittlandszollsatz, ein ermäßigter Zollsatz, eventuell ein zusätzlicher Antidumpingzollsatz usw.?
- Wenn es ermäßigte Zollsätze gibt: Welches Dokument ist das richtige und muss vorgelegt (und daher im Kaufvertrag eingefordert) werden? Unterschiedliche Dokumente können zu unterschiedlichen Zollsätzen führen.
- Gibt es Zollkontingente im Windhundverfahren?
- Gibt es einen saisonal schwankenden Zollsatz (bei Agrarprodukten)?
- Gelten bei anderen Anbietern aus anderen Staaten andere Konditionen?

Darüber hinaus sollten Sie bei verschiedenen Anbietern auch die Lieferbedingung gemäß Incoterms® prüfen. Im Prinzip sollten Sie bei einem Preisvergleich zwischen verschiedenen Anbietern schon vor dem Abschluss des Kaufvertrags den Einfuhrumsatzsteuerwert (siehe Kapitel 4.2.4) ermitteln, um feststellen zu können, welcher Anbieter der günstigste ist.

Besondere Bedeutung haben auch hier wieder **Verbote und Beschränkungen** bei der Einfuhr. Hierunter fallen:

- Schutz der öffentlichen Ordnung: Waffen, Munition, Kriegsgerät, radioaktive Stoffe, jugendgefährdende Schriften usw.
- Schutz der Umwelt: chemische Stoffe, Abfälle.
- Gesundheitsschutz: Produktsicherheit, Arznei- und Betäubungsmittel, Kosmetikartikel, Lebensmittel usw.
- Schutz der Tier- und Pflanzenwelt: nach EG-Recht und nach dem Washingtoner Artenschutzabkommen (CITES), Details finden Sie unter wisia.de.
- Gewerblicher Rechtschutz: Hierunter fallen viele Sportbekleidungen, Parfums, Designs (z. B. Comic-Figuren) usw.; oft haben Unternehmen die Grenzbeschlagnahme beantragt.
- Schutz des Kulturguts: Hier soll die Einfuhr geschützter Kulturgüter verhindert werden.

Ausführliche Informationen erhalten Sie unter den entsprechenden Fachthemen auf zoll.de.

2.3 Der zugelassene Wirtschaftsbeteiligte

Wenn Sie regelmäßig mit dem Zoll zu tun haben und verschiedene Verfahren anwenden, sollten Sie sich überlegen, ob Sie sich einer Prüfung als **Zugelassener Wirtschaftsbeteiligter** unterziehen. Der Zollkodex hat 2005 den *Zugelassenen Wirtschaftsbeteiligten* eingeführt. Auch hierzu gibt es ein gut hundertseitiges Merkblatt, das Sie unter zoll.de finden. Jedem Wirtschaftsbeteiligten kann, wenn er die vorgeschriebenen Kriterien erfüllt (z. B. Zahlungsfähigkeit, angemessene Einhaltung der Zollvorschriften, zufriedenstellende Buchführung, Sicherheitsstandards), der Status »Zugelassener Wirtschaftsbeteiligter« bewilligt werden. Hierbei werden die folgenden Zertifikate erteilt:

- AEO-Zertifikat »Zollrechtliche Vereinfachungen« (AEO C),
- AEO-Zertifikat »Sicherheit« (AEO S),
- AEO-Zertifikat »Zollrechtliche Vereinfachungen/Sicherheit« (AEO F).

Die damit einmal abgeprüften Kriterien müssen dann bei der Beantragung von weiteren Vereinfachungen auch in anderen EU-Mitgliedstaaten nicht noch einmal geprüft werden. Sie haben dann in allen EU-Staaten einen Anspruch auf die entsprechenden Erleichterungen und Vereinfachungen. Eine Steigerung ist die Single Authorization for Simplified Procedures (**SASP**) – eine einzige Bewilligung für vereinfachte Verfahren. Der Handel kann seine Zollgeschäfte aus einem einzigen EU-Mitgliedstaat steuern, in einer einzigen Sprache usw.

Wir haben dieses kurze Kapitel den weiteren Ausführungen vorangestellt, weil wir es hier mit einer übergreifenden Festlegung zu tun haben, die für alle im Folgenden vorgestellten Verfahren (Ausfuhr-, Zollversand-, Einfuhrverfahren usw.) gilt.

!

Auf den Punkt gebracht

- Bereits vor Abschluss eines Kaufvertrags sollten Sie alle ein- und ausfuhrrechtlichen Vorschriften genau prüfen, damit Sie vor Überraschungen gefeit sind.
- Jeder am Außenwirtschaftsverkehr Beteiligte muss durch eine EORI-Nummer identifizierbar sein.
- Unternehmen, die sehr viel Außenhandel betreiben, sollten zur Erleichterung der Import- und Exportabwicklung den Status »zugelassener Wirtschaftsbeteiligte« beantragen.

2.4 Ein praktischer Fall

Zur Verdeutlichung ein einfaches Beispiel für einen »Normalfall« ohne jegliche Besonderheiten: Sie haben mehrere Hersteller von Bohrmaschinen angeschrieben, die Ihnen ein Angebot für die Abnahme von ca. 10.000 Bohrmaschinen jährlich unterbreiten sollen. Ihnen liegen nun drei detaillierte Angebote vor (siehe die folgenden Abbildungen). Für ein Angebot mit einer FOB-Lieferung haben Sie sich das Angebot einer Spedition eingeholt, das Sie ebenfalls unter den folgenden Abbildungen einsehen können.

Für eine Transportversicherung wird – der Einfachheit halber – eine Prämie von 6 Promille des CIF-Preises zugrunde gelegt. Unterschiedliche Transportzeiten mit unterschiedlicher Kapitalbindung bleiben hier unberücksichtigt. Für den USD soll ein Umrechnungskurs von 1,2817 gelten – der Euro-Kurs unterliegt häufig starken Schwankungen; der hier verwendete Kurs liegt etwa in der Mitte zwischen Höchst- und Niedrigstkurs.

Um Ihnen die Arbeit etwas zu erleichtern: Bei den in den Angeboten angegebenen Karton- und Palettenmaßen beträgt die optimale Bestellmenge 2.640 Stück pro 40-Fuß-Container.

Wenn Sie Kapitel 4 durcharbeiten, finden Sie am Ende der einzelnen Unterkapitel immer Teillösungen. Ermitteln Sie am Ende die folgenden Informationen bzw. Werte:

1. die Warennummer und die entsprechenden Zollsätze,
2. den günstigsten Lieferanten und
3. die notwendigen Begleitdokumente.

Viel Spaß.

uer Drills 用具

ld. Ningbo, China

e

Date
YYYY-MM-DD

Dear Sirs,

thank you very much for your interest in our products. According to your enquiry we can offer you the following prices and conditions for our model NPD 250, which fulfils all functions you asked for (technical description attached):

Our price FOB Shanghai for 1000 pcs. USD 59.75 per unit

Additional rebates for	2000 pcs.:	10 %
	3000 pcs.:	15 %
	5000 pcs.:	20 %

If you reach 10,000 pieces per year you will get an additional bonus of 3 %

Carton measurements are 40 x 20 x 30 cm each, Weight: 3,5 kg each.
Merchandise is packed on pallets 100 x 120 x 12 cm.

Delivery terms: FOB Shanghai
Payment terms: Letter of Credit
Contract according to UN CISG

Looking forward to receive your kindly order

Yours sincerely

Ningbo Power Drill

Wu Tan Fall

Ningbo Power Drill Company Ltd., 86 Shenzen Rd. Ningbo, China; CEO Deng Xiao Peng;
IBAN: CN45 596039200050023000, SWIFT CNNING 45

Enseres do Brasil

Export Divison, 124, Avda Impanem, Santos, Brasil

GA Einkaufs eG
Hanauer Landstr.. xxx
60311 Frankfurt
Germany

Vos References	Vos escritura	Nos Reference	Dato
GA	YYYY-MM-DD	Sn Pereira	YYYY-MM-DD

Your enquiry for electrical drillers

Dear Sirs,

thank you very much for your enquiry and your interest in our high quality products. We can offer you the following prices and conditions for our model EdB 250, covering all functions you asked for (technical description attached):

Our price CFR Hamburg	for 1000 pcs.	EUR 46.95 per unit
	2000 pcs.:	EUR 43.15 per unit
	5000 pcs.:	EUR 39.85 per unit

If you reach 10,000 pieces per year you will get an additional bonus of 5 %

Carton measurements are 40 x 20 x 30 cm each. Weight: 3,5 kg each
Merchandise is packed on pallets 100 x 120 x 12 cm.

Delivery terms: CFR Hamburg
Payment terms: c.a.d.
Contract according to UN CISG

Looking forward to hear from you

Yours sincerely

Enseres do Brasil

Pedro Pereira

Enseres do Brasil Ltda. Santos, Brasil. Reg. No. 234/4875 Sa

Van Tool's Power Drills
Petronas Ave. 56 – 60, Jakarta, Indonesia

GA Einkaufs eG
Hanauer Landstr. xxx
60311 Frankfurt
Germany

Your Reference	Your letter from	Our Reference	Date
GA	YYYY-MM-DD	Mr. Tool	YYYY-MM-DD

Offer for electrical Drilling Machines,

Dear Sirs,

thank you very much for your interest in our state of the art products. We can offer you the following prices and conditions for our model VTP 250, which has all the functions you asked for and some more (technical description attached):

Our prices CIF Hamburg for	1000 pcs.	USD 61.75 per unit
	2000 pcs.:	USD 56.50 per unit
	5000 pcs.:	USD 52.50 per unit

Carton measurements are 40 x 20 x 30 cm each. Weight: 3,5 kg each
Merchandise is packed on pallets 100 x 120 x 12 cm.

Delivery terms: CIF Hamburg
Payment terms: Letter of Credit
Contract according to UN CISG

Thanks again for your interest. We are waiting for your order.

Yours sincerely

Van Tool's Power Drills

Jan Van Tool

Van Tool's Power drills Ltd., Petronas Ave. 56 – 60, Jakarta, Indonesia; CEO Jan Van Tool

Offerte

Eurosped GmbH
Branch Office Kelsterbach
Seafreight Customer Service
Langer Kornweg 34 E
65451 Kelsterbach
Germany
www.eurosped.de

An	GA Einkaufs eG
Fax-Nr./Mail.	eurosped@haufe-verlag.de
Von	Gert Wagner
Fax-Nr.	+ 49 6107-88-292
Tel.	+ 49 6107-88-123
E-Mail	gert.wagner@eurosped.com
Datum	TT.MM.JJJJ
Seiten	2

Ihre Anfrage vom TT.MM.JJJJ
FCL- 1 x 40 DC ab FOB Shanghai bestimmt zur Verschiffung nach DDU 60311 Frankfurt.

Sehr geehrter Herr ……………,

zunächst möchten wir uns für Ihr Interesse an der Schenker Deutschland AG bei Ihnen bedanken.

wir offerieren Ihnen aufgrund unserer allgemeinen Angebots- und Übernahmebedingungen, ADSp, heutige gültiger Frachten, Tarife und Kurse sowie derzeitige Surcharges der Reedereien, freibleibend bis zum Festabschluss, mit Reedereien unserer Wahl wie folgt:

• ISPS		**EUR 15,00 / Ctr.**
• Seefrachtübernahme ab FOB - Seeschiff bis frei Ankunftsschiff (CFR) Transitzeit ca. 25 Tage	**Shanghai Hamburg**	**USD 2400,00 / 40 DC**
• C.A.F. vatos – derzeit		**12,8 % von der Seefracht**
• B.A.F. vatos – derzeit		**USD 278,00 / TEU**
• Einfuhrabfertigung inkl. 2 Zolltarifpositionen		**EUR 45,00 /**
• Jede Weitere Zolltarifposition		**EUR 3,50 /**
• Terminal Handling Charge		**EUR 154,00 /**

Wir arbeiten ausschließlich auf Grundlage der Allgemeinen Deutschen Spediteurbedingungen (ADSp), jeweils neueste Fassung.
Diese beschränken in Ziffer 23 ADSp die gesetzliche Haftung für Güterschäden nach § 431 HGB für Schäden in speditionellem Gewahrsam auf 5 Euro/kg; bei multimodalen Transporten unter Einschluss einer Seebeförderung auf 2 SZR/kg sowie darüber hinaus je Schadensfall bzw. -ereignis auf 1 Mio. Euro bzw. 2 Mio Euro oder 2 SZR/kg; je nachdem welcher Betrag höher ist.

- Transportübernahme ab frei Ankunftsschiff (CFR) **Hamburg**
  bis Door , **unentladen** **Frankfurt**
  - Per Bahn / Kombi **EUR 665,00 / 40 DC**
  - 3 Stunden freie Entladezeit
  - Leerrückgabe in Frankfurt /Main

- Risk Fee **EUR 2,00 / Sendung**

Abfahrtsmöglichkeiten sind wöchentlich.

Die Preise verstehen sich exkl. möglicher Lagergeldkosten, Containermiete (Demurrage sowie Detention lt. Auslage der Reedereien), Exportabgaben und Importabgaben, oder andere öffentliche Abgaben sowie Auslagen an Dritte. Es gelten die gesetzlichen Bestimmungen des jeweiligen Landes.

Unser Angebot ist freibleibend und basiert auf den aktuell gültigen Raten und Tarifen, den oben genannten Sendungsdaten sowie den Bedingungen der am Transport beteiligten Reedereien und ist gültig bis **TT.MM.JJJJ.**

Die Übernahme setzt unveränderte Beförderungsverhältnisse, ungehinderte Verkehrswege und Verfügbarkeit über den erforderlichen Laderaum voraus. Ferner gehen wir davon aus, dass die Abruf bzw. die Versandvorschriften uns vorbehalten sind, und dass keine Ausfuhr-/ Durchfuhrverbote oder sonstige Bestimmungen dem Versand entgegenstehen.

Auf Anfrage sind wir Ihnen gerne bei der Eindeckung einer Transportversicherung behilflich.

Besuchen Sie uns im Internet: http://www.schenker.de

Für eventuelle Fragen stehen wir Ihnen gerne zur Verfügung.

Mit freundlichen Grüßen

Eurosped GmbH

i.A. i.A.

Wir arbeiten aufgrund der Allgemeinen Deutschen Spediteur-Bedingungen (ADSp) jeweils neueste Fassung.

Wir arbeiten ausschließlich auf Grundlage der Allgemeinen Deutschen Spediteurbedingungen (ADSp), jeweils neueste Fassung.
Diese beschränken in Ziffer 23 ADSp die gesetzliche Haftung für Güterschäden nach § 431 HGB für Schäden in speditionellem Gewahrsam auf 5 Euro/kg; bei multimodalen Transporten unter Einschluss einer Seebeförderung auf 2 SZR/kg sowie darüber hinaus je Schadensfall bzw. -ereignis auf 1 Mio. Euro bzw. 2 Mio Euro oder 2 SZR/kg; je nachdem welcher Betrag höher ist.

3 Export

Hinsichtlich des Exports wird zwischen **Intrahandel** (innerhalb der EG) und **Extrahandel** (mit Drittstaaten) unterschieden. Beim Intrahandel spricht man auch von der **Versendung**, beim Extrahandel von der **Ausfuhr**. Beide Verfahren unterliegen statistischen Meldepflichten zur Erstellung der Außenhandelsbilanz der Bundesrepublik Deutschland, die der Verkäufer (Exporteur) zu erfüllen hat.

3.1 Der Intrahandel (Versendung)

Der Handel innerhalb der EU ist frei und kommt weitestgehend ohne Zollkontrollen aus. Wie alle grenzüberschreitenden Lieferungen ist die Handelsrechnung mehrwertsteuerfrei. Der Käufer hat die Steuer auf den innergemeinschaftlichen Erwerb zu entrichten.

3.1.1 Was hat der Verkäufer bzw. Versender zu beachten?

- Die Handelsrechnung ist mehrwertsteuerfrei, muss aber die Umsatzsteuer-Identifikationsnummer (nicht die Umsatzsteuernummer!) sowohl des Verkäufers als auch des Käufers enthalten. Kann der Käufer keine Umsatzsteuer-Identifikationsnummer nachweisen, gilt er als Verbraucher. Die Rechnung muss dann mit Mehrwertsteuer belastet werden.
- Der Verkäufer hat die Daten für die Intrahandelsstatistik an das Statistische Bundesamt zu liefern, sofern er die Assimilationsschwelle von 500.000 EUR pro Jahr überschreitet (d. h., er muss einen Umsatz von mehr als 500.000 EUR im Jahr mit anderen EG-Staaten haben). Wer pro Jahr weniger Umsatz mit anderen EG-Staaten macht, ist von der Meldepflicht befreit. Die Meldepflicht beginnt mit Erreichen der Umsatzgröße; eine rückwirkende Meldung ist nicht erforderlich. Die Meldung erfolgt in der Regel elektronisch, entweder auf Datenleitungen (CORE) oder über den Internetzugang des Statistischen Bundesamts (IDEV, s. u.). Jede Versendung muss gemeldet werden.
- Sollte die Ware verbrauchsteuerpflichtig sein, ist ein innergemeinschaftliches Warenbegleitdokument zu erstellen – eine Form des Einheitspapiers (siehe Kapitel 1.6), weil die Ware nicht nur mehrwertsteuerfrei, sondern auch verbrauchsteuerfrei ist. Der Käufer hat die Verbrauchsteuer in seinem Land in der dortigen Höhe zu entrichten, sofern sie dort anfällt.
- Sollte die Ware während des Transports von der Gemeinschaft in die Gemeinschaft das Zollgebiet der Gemeinschaft verlassen wie z. B. bei einem Schiffstransport

auf die Kanarischen Inseln, ist für die Ware ein T2L (Einheitspapier) zu erstellen, um dem dortigen Zoll zu signalisieren, dass die Ware sich im freien Verkehr der Gemeinschaft befindet (Unionsware).

- Wird unverzollte Drittlandsware (Nichtunionsware) innerhalb der EG weiterverkauft, sind die Dokumente wie beim Extrahandel (siehe Kapitel 3.2) zu erstellen (Ausfuhrbegleitdokument usw.).

3.1.2 Die INTRASTAT-Meldung online (IDEV)

Zum zweiten der in Kapitel 3.1.1 aufgeführten Punkte (Daten für die Intrahandelsstatistik) folgt hier eine kurze Darstellung der Onlinemeldung mit »Karteikarten«, die Sie beim Statistischen Bundesamt auch üben können. Hierzu suchen Sie zunächst die Homepage des Statistischen Bundesamts auf (destatis.de). Dort finden Sie am rechten Rand die Rubrik »ONLINE MELDEN/Erhebungsportal«.

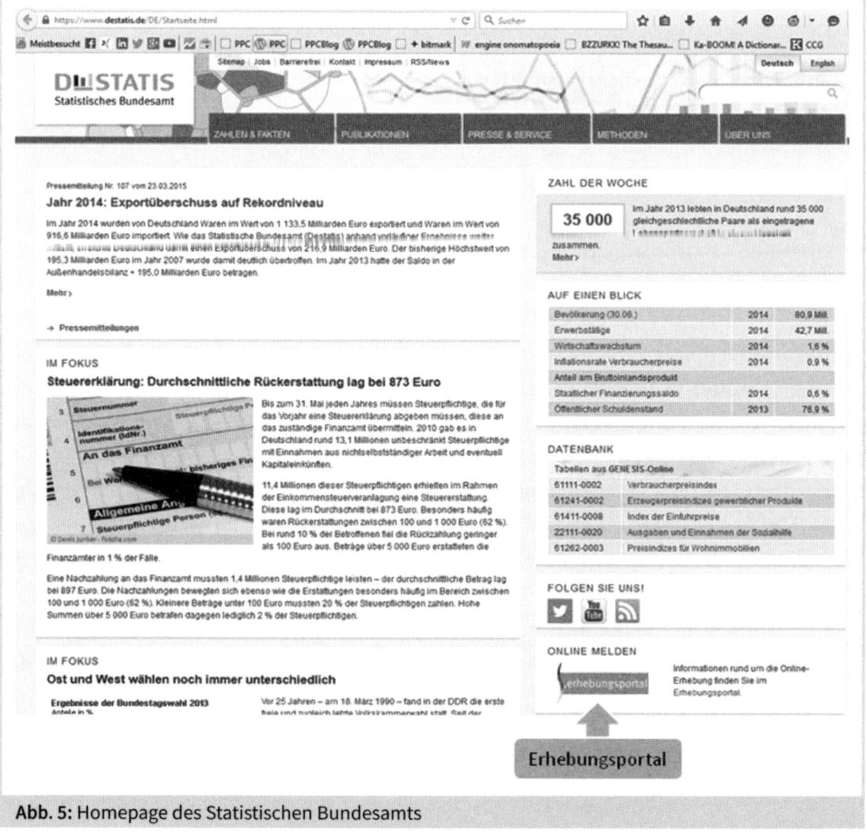

Abb. 5: Homepage des Statistischen Bundesamts

Wenn Sie den entsprechenden Link anwählen, öffnet sich das Erhebungsportal. Dort gehen Sie über IDEV zu den Zugängen der statistischen Ämter und wählen das Statistische Bundesamt, das gleich an oberster Stelle steht, aus. Melden Sie sich an – das Benutzerwort »gast« und das Kennwort »gast« sind vorgegeben. Wenn Sie dann auf »Intrahandel-Formularmeldung« gehen und das Jahr auswählen, öffnet sich die folgende Maske:[8]

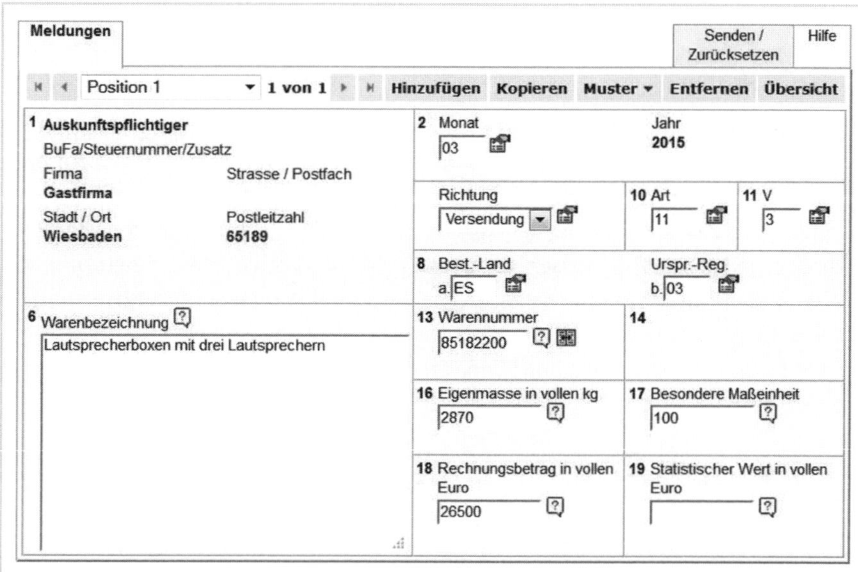

Abb. 6: Intrahandelformular des Statistischen Bundesamts

Anhand dieser Maske können Sie üben. Rechts neben den Feldern ist ein Button mit Ausfüllhilfen, die das Ausfüllen erleichtern. In Feld 10 ist die achtstellige Warennummer (NIMEXE) einzutragen, die wir bereits in Kapitel 1.3 angesprochen haben. In unserem Beispiel wurden 100 hessische Lautsprecherboxen per Lkw nach Spanien geliefert.

Das System basiert auf Plausibilität. Nicht ausgefüllte Felder oder nicht existierende Warennummern werden sofort zurückgemeldet.

Sie können also den Gastzugang verwenden, um das Eingabeverfahren zu üben. Überschreitet Ihr Unternehmen allerdings die Assimilationsschwelle, müssen Sie es anmelden. In welcher Form die Anmeldung geschehen soll, muss das Unternehmen selbst entscheiden.

8 Siehe https://www-idev.destatis.de/idev/OnlineMeldung.

Auf den Punkt gebracht

- Handelsrechnungen im grenzüberschreitenden Verkehr werden ohne Mehrwertsteuer erstellt. Sie müssen im Intrahandel die Umsatzsteuer-Identifikationsnummer des Verkäufers und des Käufers enthalten.
- Ab einer Umsatzschwelle von 500.000 EUR pro Jahr innerhalb der EG muss eine INTRASTAT-Meldung erstellt werden.

3.2 Der Extrahandel (Ausfuhr)

Eine Ausfuhr in Drittländer erfordert mehr Kenntnisse und auch mehr Dokumente als eine Versendung. Neben dem nationalen Recht (z. B. AWG) und dem EU-Recht müssen Sie auch internationale Vereinbarungen beachten. Außerdem sollten Sie auch die Erfordernisse des Bestimmungslands kennen und prüfen, ob dort bestimmte Dokumente vorgelegt werden müssen. Zwar ist es eigentlich Sache des Käufers, den Verkäufer über die im Bestimmungsland erforderlichen Dokumente aufzuklären und die entsprechenden Dokumente im Kaufvertrag einzufordern, das wird aber in der Praxis manchmal vergessen und führt dann zu unangenehmen Überraschungen oder zu Wartezeiten.

3.2.1 Das Ausfuhrbegleitdokument (ABD)

Ein Ausfuhrbegleitdokument[9] muss für jede Warensendung **ab einem Wert von 1.000 EUR** oder einem Gewicht von 1.000 kg erstellt werden. Die rechtliche Grundlage hierfür bildet der Zollkodex, das AWG, das Außenhandelsstatistik-Gesetz (AHStatG) und formal das Einheitspapier (Blätter 1, 2 und 3) mit seinem Merkblatt. Zu erstellen ist das Ausfuhrbegleitdokument in elektronischer Form mittels einer Software oder über Internetzollanmeldung.de[10].

Es gibt ein einstufiges und ein zweistufiges Verfahren. Beim **einstufigen Verfahren** müssen Sie die Sendung **nur** der **Ausgangszollstelle** an der EG-Grenze melden. Beim **zweistufigen Verfahren**, das Sendungen **ab 3.000 EUR** betrifft, müssen Sie die Sendung sowohl bei der **Ausfuhrzollstelle**, also der zuständigen Zollstelle am Sitz des Ausführers, als auch **bei der Ausgangszollstelle** an der EG-Grenze anmelden.

9 In der Praxis werden oft noch die alten Bezeichnungen »Ausfuhrerklärung (AE)«, »AA« oder »Ausfuhranmeldung (AM)« verwendet.

10 Siehe https://www.ausfuhrplus.internetzollanmeldung.de/iaap/logon.do?requestedURL=%2Fcontent.do.

Der **Ablauf** sieht folgendermaßen aus: Der Ausführer (Verkäufer) oder ein Beauftragter (z. B. ein Spediteur) erstellt das Ausfuhrbegleitdokument mithilfe der EDV. Die Anmeldung muss elektronisch unterschrieben werden. Besteht eine Softwareverbindung zum ATLAS-System, gilt sie als »Unterschrift«. Bei Meldungen über das Internet müssen Sie die elektronische Signatur von ELSTER verwenden (elektronische Steuererklärung). Da jedes Unternehmen steuerpflichtig ist, ist die elektronische Signatur im Unternehmen bereits vorhanden. Das Ausfuhrbegleitdokument erhält eine Movement Reference Number (MRN). Von ihm wird ein PDF erstellt, auf dem rechts oben die MRN mit einem Barcode zu sehen ist (siehe Abb. 7).

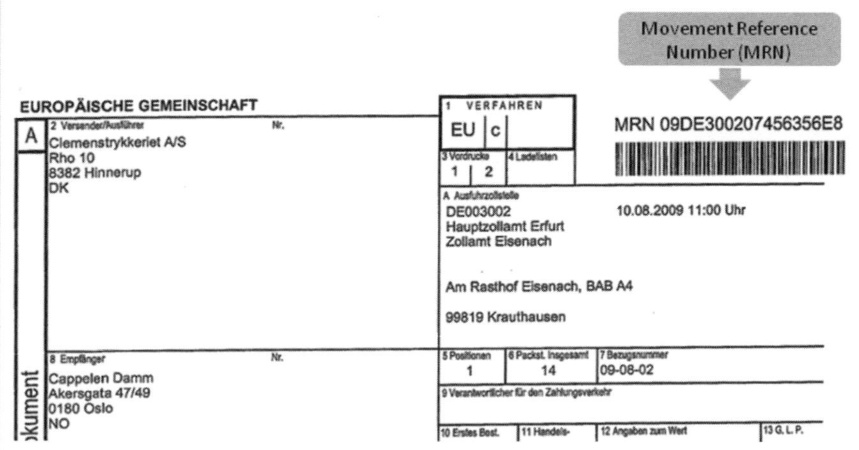

EUROPÄISCHE GEMEINSCHAFT

A

2 Versender/Ausführer Nr.
Clemenstrykkeriet A/S
Rho 10
8382 Hinnerup
DK

1 VERFAHREN
EU | c

3 Vordrucke
1 | 2

4 Ladelisten

MRN 09DE300207456356E8

A Ausfuhrzollstelle
DE003002
Hauptzollamt Erfurt
Zollamt Eisenach

10.08.2009 11:00 Uhr

Am Rasthof Eisenach, BAB A4

99819 Krauthausen

8 Empfänger Nr.
Cappelen Damm
Akersgata 47/49
0180 Oslo
NO

5 Positionen
1

6 Packst. insgesamt
14

7 Bezugsnummer
09-08-02

9 Verantwortlicher für den Zahlungsverkehr

10 Erstes Best.

11 Handels-

12 Angaben zum Wert

13 G. L. P.

)kument

Abb. 7: Ausschnitt eines Ausfuhrbegleitdokuments

Sie können schon anhand dieses Ausschnitts erkennen, dass auch ein per EDV erstelltes Ausfuhrbegleitdokument dem Einheitspapier in Abb. 8 ähnelt, das, wie wir bereits erwähnt haben, nur in Ausnahmefällen in Papierform erstellt wird.

Beim zweistufigen Verfahren prüft die Ausfuhrzollstelle den Inhalt des Papiers (tatsächlich geschieht die Prüfung durch das ATLAS-System) und schlägt sofort Alarm, wenn z. B. eine Ausfuhrgenehmigung bei Dual-use-Gütern erforderlich ist oder ein Embargo gegen das Bestimmungsland verhängt wurde. Generell hat der Zoll immer die Möglichkeit der Warenbeschau, auch wenn sie nur in den seltensten Fällen tatsächlich erfolgt.

EUROPÄISCHE GEMEINSCHAFT Nr. AV 1602856

A VERSENDUNGS-/AUSFUHRZOLLSTELLE

1 ANMELDUNG: EU A XXXXX

Exemplar für das Versendungs-/Ausfuhrland

2 Versender/Ausführer Nr.
Haufe-Lexware Services GmbH % Co KG
Vertrieb Buchhandel
Fraunhoferstraße 5
82152 Planegg/München

3 Vordrucke | 4 Ladelisten XXXXX

5 Positionen 1 | 6 Packst. insgesamt XXXXXXX | 7 Bezugsnummer

8 Empfänger Nr.
Freitag Verlagsvertretungen
Rütligasse 4
CH-6453 Flüelen

9 Verantwortlicher für den Zahlungsverkehr Nr. XXXXXXXXXXXXXXXXXXXXXXXXXXXXXXXXXXX

10 Erstes Best. Land XXX | 11 Handels-land | 13 G.L.P. XXXXX

14 Anmelder/Vertreter Nr.

15 Versendungs-/Ausfuhrland XXXXXXXXXXXXXXXXX | 15 Vers./Ausf.L.Code a XXX b XX | 17 Bestimm.L.Code a CH b XX

16 Ursprungsland | 17 Bestimmungsland

18 Kennzeichen und Staatszugehörigkeit des Beförderungsmittels beim Abgang XXXXXXXXXXXXXXXXXXXXXXXXXXXX XXX | 19 Ctr. 0

20 Lieferbedingung CPT Flüelen XX

21 Kennzeichen und Staatszugehörigkeit des grenzüberschreitenden aktiven Beförderungsmittels Lkw DE

22 Währung u. in Rechn. gestellter Gesamtbetrag EUR 3418,00 | 23 Umrechnungskurs XXXXXXXX | 24 Art des Geschäfts 1 1

25 Verkehrszweig an der Grenze 3 | 26 Inländischer Verkehrszweig 3 | 27 Ladeort XXXXXXXXXXXXX XXX

28 Finanz- und Bankangaben XXXXXXXXXXXXXXXXXXXXXXXXXXXXXXXXXXXXX

29 Ausgangszollstelle | 30 Warenort XXXXXXXXXXXXXXXXX XXXXXXXXXXXXXXXXXXXXXXXXXXXXXXXXXXXXXX

31 Packstücke und Warenbezeichnung: Zeichen und Nummern – Container Nr. – Anzahl und Art
HMG 10 CT Bücher

32 Position 1 | 33 Warennummer 49019900 XXXX

34 Ursprungsland Code a b 08 | 35 Rohmasse (kg) 368

37 VERFAHREN 1000 | 38 Eigenmasse (kg) 356 | 39 Kontingent XXXXX

40 Summarische Anmeldung/Vorpapier

41 Besondere Maßeinheit 250

44 Besondere Vermerke/Vorgelegte Unterlagen/Bescheinigungen u. Genehmigungen:
Ausgeführt mit unvollständiger/vereinfachter Ausfuhranmeldung Nr. vom
Ausfuhrgenehmigung vom Nr. Gültig bis

Code B.V. XXX | 46 Statistischer Wert 3390

47 Abgabenberechnung: Art | Bemessungsgrundlage | Satz | Betrag | ZA
XXXXXXXXXXXXXXXXXXXXXXXXXXXXXXXXXXXXXXXXXXX
Summe

48 Zahlungsaufschub XXXXXXXXXXXXXXXXXX | 49 Bezeichnung des Lagers

B ANGABEN FÜR VERBUCHUNGSZWECKE

Ausfuhranmeldung

Zollstelle der ergänzenden Anmeldung
Bezeichnung:
Anschrift:

50 Hauptverpflichteter Nr. Unterschrift | C ABGANGSSTELLE

51 Vorgesehene Durchgangszollstellen (und Land): vertreten durch Ort und Datum
XXXXXXXXXXX XXXXXXXXXXX XXXXXXXXXXX XXXXXXXXXXX XXXXXXXXXXX XXXXXXXXXXX

52 Sicherheit nicht gültig für XXXXXXXXXXXXXXXXXXXXXXXXXXXXXXXXXXXXXXXXXXXXXXX Code XX | 53 Bestimmungsstelle (und Land) XXXXXXXXXXXXXXXXXXXXXX

D PRÜFUNG DURCH DIE ABGANGSSTELLE Stempel
Ergebnis:
Angebrachte Verschlüsse: Anzahl
Zeichen
Frist (letzter Tag)
Unterschrift:

54 Ort und Datum
Planegg, der TT.MM.JJJ
Unterschrift und Name des Anmelders/Vertreters
Haufe-Lexware Services GmbH & C0

0733 Einheitspapier (Versendung/Ausfuhr) - III B 1 - (2005)

Abb. 8: Einheitspapier

Das Ausfuhrbegleitdokument begleitet die Sendung bis zur Ausgangszollstelle. Die Ausgangszollstelle hat wieder die Möglichkeit, das Dokument und die Ware zu prüfen. Mit dem Erfassen der MRN wird die Ausfuhr bestätigt.

Die Inhalte des Ausfuhrbegleitdokuments

Die wesentlichen Inhalte des Ausfuhrbegleitdokuments können Sie der Handelsrechnung entnehmen:

- Feld 1: Art der Ausfuhr (wir gehen hier von einer Ausfuhr im Normalfall aus); für die EFTA-Staaten tragen Sie im ersten Unterfeld »EU« ein, ansonsten »EX«; »A« steht für normales Verfahren.

- Feld 2: der Ausführer (i. d. R. der Verkäufer).
- Feld 8: der Empfänger (hierbei muss es sich nicht unbedingt um den Käufer handeln).
- Feld 20: die Lieferbedingung gemäß Incoterms®.

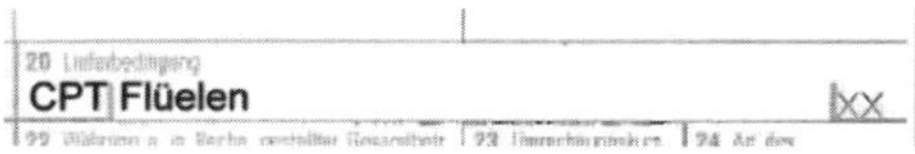

- Feld 22: der Gesamtpreis der Lieferung.
- Feld 31: die Warenbeschreibung mit Verpackungscodes und -kennzeichnung; hier haben wir es mit zehn Kartons (»CT«) mit Büchern zu tun; auf jedem Karton ist das Zeichen »HMG«.

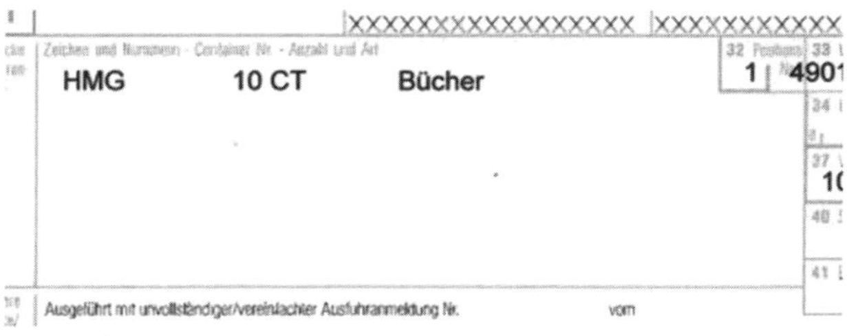

- Feld 33: die achtstellige Warennummer; sie kommt in das erste Feld, die leeren Felder bleiben für eventuelle Zusatzcodes frei.

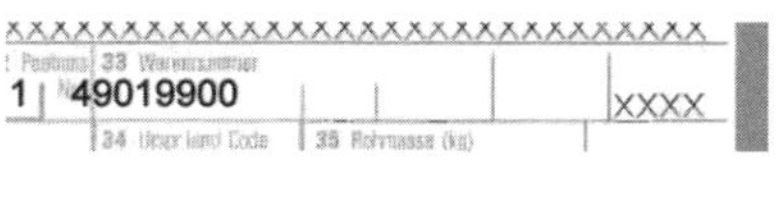

! **Wichtig: Ein Feld für jede Warennummer**

Je Warennummer muss ein Feld ausgefüllt werden; die Einreihung – das Feststellen der Warennummer – wird in Kapitel 4.2.2 ausführlich erklärt.

- Feld 35 und 38: das Brutto- und das Nettogewicht.
- Feld 37: das Verfahren.

! **Wichtig: Feld 37**

Dieses Feld ist besonders wichtig. Hier erfolgt die Willenserklärung des Ausführers. In den meisten Fällen kommt der Code 1000 »Endgültige Ausfuhr ohne vorangegangenes Verfahren« zur Anwendung. Es lassen sich auch viele andere Erklärungen denken, z. B. eine vorübergehende Ausfuhr oder eine Wiederausfuhr nach einer vorherigen Einfuhrabfertigung, weil z. B. ein Defekt vorliegt. In all diesen Fällen ist ein unterschiedlicher Verfahrenscode zu verwenden, den Sie dem bereits zitierten Merkblatt zum Einheitspapier entnehmen können.

- Feld 40: der »statistische Wert« für jede einzelne Warenposition, d. h. der Wert, den die Ware beim Überschreiten der deutschen Grenze hat (inkl. Transportkosten); er ist in der Praxis nicht immer leicht zu ermitteln, weshalb er oft geschätzt wird.

Weitere Details zu den Inhalten des Ausfuhrbegleitdokuments können Sie dem Merkblatt zum Einheitsdokument entnehmen.

3.2.2 Ursprungsnachweise und Warenverkehrsbescheinigungen

Häufig müssen oder sollen Sie bei einer Ausfuhr Ursprungsnachweise oder Warenverkehrsbescheinigungen erstellen. Die Gründe hierfür können sein, dass

- das Bestimmungsland ein Ursprungszeugnis fordert oder
- ein Assoziierungsabkommen mit dem Bestimmungsland besteht und die Ware dort bei der Vorlage des Dokuments zollbegünstigt ist.

Im Falle eines Ursprungsnachweises müssen Sie nachweisen, dass die Ware nach den Ursprungskriterien (siehe Kapitel 3.3) in einem bestimmten Land hergestellt wurde (**Ursprungsprinzip**), wobei es nach EG-Recht keinen deutschen Ursprung, sondern nur einen EU-Ursprung gibt. Als Nachweis gilt ein Ursprungszeugnis erstellen, das vom Verkäufer erstellt und von der zuständigen IHK beglaubigt wird.

Hinsichtlich der **Warenverkehrsbescheinigungen** (WVB) unterscheidet man zwischen solchen, die ebenfalls einen Ursprung nachweisen müssen (**Ursprungsprinzip**), und solchen, die nur den Nachweis erbringen, dass sich die Ware im freien Verkehr der EG befindet (**Freiverkehrsprinzip**).

Im Folgenden sehen Sie einen Überblick über die bei der Drucklegung des Buches bestehenden Abkommen und die jeweils zu erstellenden Dokumente.

Warenverkehrsbescheinigungen (Präferenznachweise) im Überblick

Staat/Staatengruppe	Ausfuhr	Papier
Türkei (**Freiverkehrsprinzip**, für Agrarwaren und EGKS-Waren; es gilt das Ursprungsprinzip)	für Unionswaren	A.TR
EWR (**EG + EFTA**-Staaten; für die EFTA-Staaten und alle folgenden gilt das **Ursprungsprinzip**)	für Sendungen ab 6.000 EUR Warenwert; Langzeitbescheinigung (LT-Zertifikat) für mehrere Lieferungen in einem Jahr möglich (»ermächtigte Ausführer«)	EUR.1
	für Sendungen unter 6.000 EUR	Erklärung auf der Handelsrechnung
Israel	für jede Sendung (Israel wie EWR)	EUR.1
ÜLG (überseeische Länder und Gebiete, LOMB)	für jede Sendung	EUR.1
Färöer-Inseln	ab 6.000 EUR	EUR.1
	unter 6.000 EUR	wie EWR
Tunesien, Marokko, Jordanien, Ägypten, Algerien, Libanon, Syrien	ab 6.000 EUR	EUR-MED oder EUR.1
	unter 6.000 EUR	wie EWR
Südafrika	ab 6.000 EUR	EUR.1
	unter 6.000 EUR	wie EWR
Mexiko	ab 6.000 EUR	EUR.1
	unter 6.000 EUR	wie EWR
Chile	ab 6.000 EUR	EUR.1
	unter 6.000 EUR	wie EWR
Andenstaaten (Peru und Kolumbien)	ab 6.000 EUR	EUR.1
	unter 6.000 EUR	wie EWR

Staat/Staatengruppe	Ausfuhr	Papier
CARIFORUM	ab 6.000 EUR	EUR.1
	unter 6.000 EUR	wie EWR
Südkorea, Kanada, Japan	ohne Wertgrenze	Ursprungserklärung auf der Handelsrechnung
ESA-Abkommen (Komoren, Madagaskar, Mauritius, Sambia, Seychellen, Simbabwe)	ab 6.000 EUR	EUR.1
	unter 6.000 EUR	wie EWR
Albanien, Bosnien-Herzegowina, Kosovo, Mazedonien, Montenegro, Serbien	ab 6.000 EUR	EUR.1
	unter 6.000 EUR	wie EWR
Georgien, Moldau, Ukraine	ab 6.000 EUR	EUR.1
	unter 6.000 EUR	wie EWR
MAR (AKP-Staaten: Afrika, Karibik, Pazifik; LOMA), einseitiges Präferenzabkommen	**keine** Gewährung von Präferenzen	---
	Mauretanien, Niger, Burkina Faso, Senegal, Tonga, Surinam und falls autonom gewährt:	EUR.1

Hinzu kommen Abkommen mit kleineren Staaten und Gebieten wie Andorra, San Marino, Ceuta und Melilla, dem Westjordanland und dem Gazastreifen sowie den West-Pazifik-Staaten.

Zusammengefasst gibt es die folgenden Warenverkehrsbescheinigungen:

- Freiverkehrsprinzip: A.TR für Sendungen in die Türkei, weil die Türkei seit 1996 Mitglieder der Zollunion ist, und
- T2L für Sendungen von der EG in die EG über ein Drittland (siehe Kapitel 3.1.1).
- Ursprungsprinzip: EUR.1 für alle assoziierten Staaten (Muster siehe Kapitel 3.3.2) und EUR-MED für Sendungen in assoziierte Mittelmeeranrainerstaaten (Pan-Euro-MED-Abkommen).
- Für die Einfuhr (siehe Kapitel 4) gelten die gleichen Regelungen.
- Für Einfuhren gibt es zusätzlich das Formblatt A für Waren, die ihren Ursprung in Entwicklungsländern haben.

Weitere Informationen zum Ursprungsrecht finden Sie in Kapitel 3.3.

3.2.3 Ausfuhrerstattungen

Bei Ausfuhren von Marktordnungswaren werden dem Ausführer von der EG Beträge erstattet, die den Unterschied zwischen den Weltmarktpreisen und den festgelegten EG-Preisen ausgleichen sollen. Zu den Marktordnungswaren gehören alle Produkte, die Stärke (z. B. Mehl), Glukose (Zucker) oder Milchprodukte enthalten. Die Höhe des Ausgleichbetrags entspricht dem Zollbetrag, der bei der Einfuhr dieser Waren zu zahlen wäre (siehe hierzu auch Kapitel 4.2.2 und Kapitel 4.2.5, drittes Beispiel).

Neben den bisher genannten Dokumenten ist hier zusätzlich ein **Kontrollexemplar T5** erforderlich (Einheitspapier). Auf diesem Dokument muss die Ausfuhr nachgewiesen werden. Es wird beim Zollamt Hamburg-Waltershof zur Ausfuhrerstattung eingereicht.

Mit diesen Maßnahmen wird die Landwirtschaft in der EG geschützt, gleichzeitig bleiben Hersteller von Produkten, die Marktordnungswaren verwenden, auf den internationalen Märkten konkurrenzfähig[11].

3.2.4 Weitere Dokumente

Je nach Ware und Bestimmungsland kann es eine Reihe weiterer Dokumente geben, die Sie neben den Transport- und Bankdokumenten erstellen müssen. Hier ist es wichtig, dass Sie sich vorher ausreichend informieren (siehe Kapitel 2.1). An dieser Stelle gehen wir noch auf die Zoll- und die Konsulatsfakturen ein.

Zollfaktura
Manche Staaten, insbesondere solche, die wie Kanada, Neuseeland usw. mit dem Commonwealth verbunden sind, verlangen Zollfakturen. Das sind Rechnungen, die neben der normalen Handelsrechnung auf vorgegebenen Formularen zu erstellen sind. Die Formulare müssen vom Exporteur oder einem Beauftragten und einem Zeugen unterschrieben werden. Sie sind im Handel erhältlich.

Konsulatsfaktura
Konsulatsfakturen werden von einigen mittel- und südamerikanischen und auch von arabischen Staaten verlangt. Auch hier gibt es Formulare, bei denen aber eine einfache Unterschrift nicht genügt, vielmehr ist eine gebührenpflichtige Beglaubigung durch das Konsulat erforderlich.

11 So ist z. B. der größte »Bauer« Hessens die bekannte Firma Ferrero.

Bei Exporten in manche Länder müssen Sie die Handelsdokumente beglaubigen lassen. Das gilt neben der Handelsrechnung und der Konsulatsfaktura auch für Ursprungszeugnisse und eventuelle Transportdokumente wie Konnossemente.

! **Achtung: Zoll- oder Konsulatsfaktura**

Wenn Sie sich nicht sicher sind, ob Sie eine Zoll- oder Konsulatsfaktura benötigen, sollten Sie in den genannten Nachschlagewerken oder bei der IHK nachforschen.

! **Auf den Punkt gebracht**

- Für jede Ausfuhr, die einen Warenwert von 1.000 EUR bzw. 1.000 kg Gewicht übersteigt, muss vom Ausführer oder seinem Beauftragten ein Ausfuhrbegleitdokument erstellt werden.
- Die Meldung erfolgt ab einem Warenwert von 1.000 EUR bei der Ausgangszollstelle (einstufiges Verfahren) und ab einem Warenwert von 3.000 EUR bei der Ausfuhr- und der Ausgangszollstelle (zweistufiges Verfahren).
- Weitere Dokumente hängen vom Wunsch des Käufers oder des Ziellands ab. Insbesondere Warenverkehrsbescheinigungen für assoziierte Staaten sind wegen der gewährten Zollermäßigung von großer Bedeutung.

3.3 Das Ursprungsrecht

Der Zollkodex unterscheidet zwischen dem präferenziellen und dem nicht präferenziellen Ursprung. Das bedeutet im Klartext: Es gibt Ursprungsnachweise, die zu einer Zollermäßigung führen (Präferenz), und Ursprungsnachweise, bei denen das nicht der Fall ist. Für beide gibt es genaue Vorschriften, die Sie beim Erstellen des entsprechenden Dokuments einhalten müssen.

3.3.1 »Nichtpräferenzieller« Ursprung

Manche Staaten verlangen bei der Einfuhr die Vorlage eines Ursprungszeugnisses, also eines Dokuments, das den Herstellungsursprung nachweist. Die Ursprungsregelungen wurden von den Vereinten Nationen entwickelt und in den Zollkodex[12] übernommen.

Als EU-Ursprungsware gelten:
- Waren, die vollständig in der EG erzeugt wurden wie z. B. Kohle, Agrarprodukte usw. (Art. 23 ZK); dabei sind bis zu zehn Prozent Drittlandsanteil zulässig.
- Waren, die in der EG wesentlich be- oder verarbeitet wurden (Art. 24 ZK).

12 Siehe http://ec.europa.eu/taxation_customs/common/consultations/customs/article_848_de.htm.

Art. 60 Abs. 2 ZK

Waren, an deren Herstellung mehr als ein Land oder Gebiet beteiligt ist, gelten als Ursprungswaren des Landes oder Gebiets, in dem sie der letzten wesentlichen, wirtschaftlich gerechtfertigten Be- oder Verarbeitung unterzogen wurden, die in einem dazu eingerichteten Unternehmen vorgenommen wurde und zur Herstellung eines neuen Erzeugnisses geführt hat oder eine bedeutende Herstellungsstufe darstellt.

Als Nachweis für eine wesentliche Be- oder Verarbeitung gilt der **Positionswechsel** (Tarifsprung), der dadurch erkennbar ist, dass die eingeführte und dann bearbeitete Ware im Zolltarif bei der Ausfuhr einer anderen Tarif**position** (bezogen auf die ersten **vier** Ziffern der Warennummer nach dem Harmonisierten System) zugeordnet wird als die importierte, unbearbeitete Ware (siehe hierzu auch die Kapitel 1.3 und 4.2.1).

Ursprungszeugnisse werden vom Exporteur erstellt und von der zuständigen IHK beglaubigt. Die IHK kann auch verbindliche Ursprungsauskünfte erteilen. Sollte es um Handelsware ausländischer Herkunft gehen, ist neben dem Stempel der IHK auch eine Beglaubigung durch das Konsulat des Ursprungslands nötig. Bei Exporten in bestimmte Staaten muss das Ursprungszeugnis außerdem vom Konsulat oder von einer beauftragten Institution des Bestimmungslands kostenpflichtig beglaubigt werden. So sind die Ursprungszeugnisse z. B. bei Ausfuhren in arabische Staaten von der GHORFA, das ist die arabisch-deutsche Handelskammer, zu beglaubigen.

3.3.2 Präferenzieller Ursprung

Beim präferenziellen Ursprung geht es um eine Zollermäßigung im Bestimmungsland, wenn es sich um einen mit der EG assoziierten Staat handelt. Auch hier gelten die Regelungen für »vollständig erzeugt«, Altwaren und wesentliche Be- und Verarbeitung, allerdings auf der Basis anderer Kriterien. Nicht immer wird ein Positionswechsel gefordert und manchmal genügt ein einfacher Positionswechsel auch nicht.

Die folgenden Punkte sind die wesentlichen Unterschiede zur Ursprungs-VO:

- Als Ursprungswaren gelten alle Waren, die im Europäischen Wirtschaftsraum vollständig gewonnen oder hergestellt wurden.
- Als Ursprungswaren gelten auch Waren, die nicht mehr als zehn Prozent Drittlandswaren beinhalten.
- Ebenso gelten Waren als Ursprungswaren, wenn sie im Europäischen Wirtschaftsraum in ausreichendem Maße be- oder verarbeitet wurden; das ist nach Art. 4 der Vereinbarung dann der Fall, »wenn die Bedingungen der Liste in der Anlage II erfüllt sind«.
- Ohne ausreichende Be- und Verarbeitung gelten Waren als Ursprungswaren desjenigen Lands, in dem der höchste Wertzuwachs stattgefunden hat.

> **!** **Anmerkung zu Punkt 3**
>
> Die EG hat mit allen Vertragsstaaten ein Protokoll Nr. 4 vereinbart, in dessen Anlage II alle Waren, für die die Vereinbarung gilt, und die zu erfüllenden Be- und Verarbeitungskriterien genannt werden. Es gibt Unterschiede in diesen Protokollen, die Sie beachten müssen; ein einmal gefundenes Bearbeitungskriterium kann für die nächste Vereinbarung schon nicht mehr gelten oder anders formuliert sein.

Diese – zunächst für den Europäischen Wirtschaftsraum geschaffene – Regelung wurde zu Beginn des Jahres 1997 auch auf andere mit der EG assoziierte Staaten übertragen. Man spricht von der **Pan-Euro-Med-Kumulierung**, die besagt, dass sämtliche Staaten der *Paneuropäischen Kumulierung* die Ursprungseigenschaften gegenseitig anerkennen. Sie gilt seit 2005 für die folgenden Staaten bzw. Gruppen: **EG, EFTA** (zusammen EWR), **Schweiz und** assoziierte **Mittelmeeranrainerstaaten**.

Auf der Webseite des Zolls (zoll.de) finden Sie am linken Rand die Rubrik »Dienste und Datenbanken« und darunter den Link »Warenursprung und Präferenzen online«. Hier können Sie online nachforschen, welche Kriterien bei der Bearbeitung erfüllt sein müssen.

> **!** **Beispiel 1: Verkauf von Kühlschränken nach Marokko**
>
> Sie sind ein Hersteller oder Händler von Kühlschränken. Bei der Herstellung wird EU-Ware und Nicht-EU-Ware verarbeitet (Stahl, Kunststoffe, Verdampfer usw.). Sie wollen Kühlschränke nach Marokko verkaufen. Welche Vorschriften gelten?
> Zunächst müssen Sie im Zolltarif die Positionsnummer (die ersten vier Ziffern) des Kühlschränks feststellen (siehe Kapitel 1.2.2). Sie lautet »8418«. Wenn Sie nun auf »Warenursprung und Präferenzen online« und dort auf »Übersichten« klicken, geht ein Fenster auf, in das Sie die HS-Position »8418« eintragen können (siehe Abb. 9)[13]:

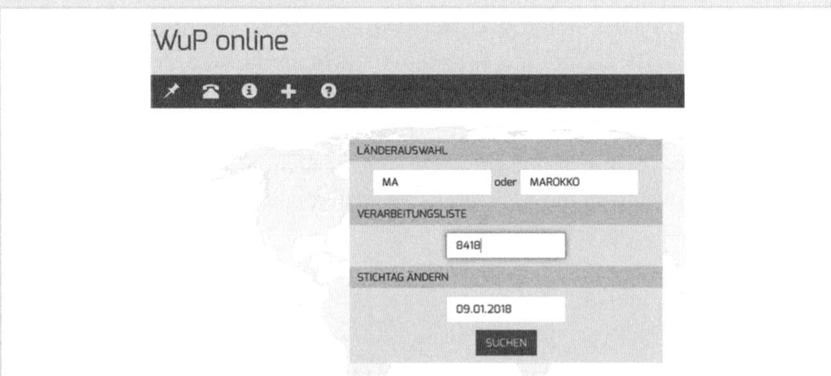

Abb. 9: Ausschnitt aus WuP online

13 Siehe http://www.wup.zoll.de/wup_online/liste_synopse.php?stichtag=08.01.2015.

In diesem Fenster können Sie nun einstellen, ob Sie alle Präferenzregeln auf einmal oder nur die eines bestimmten Landes sehen wollen. Für Marokko gilt die folgende Regelung:

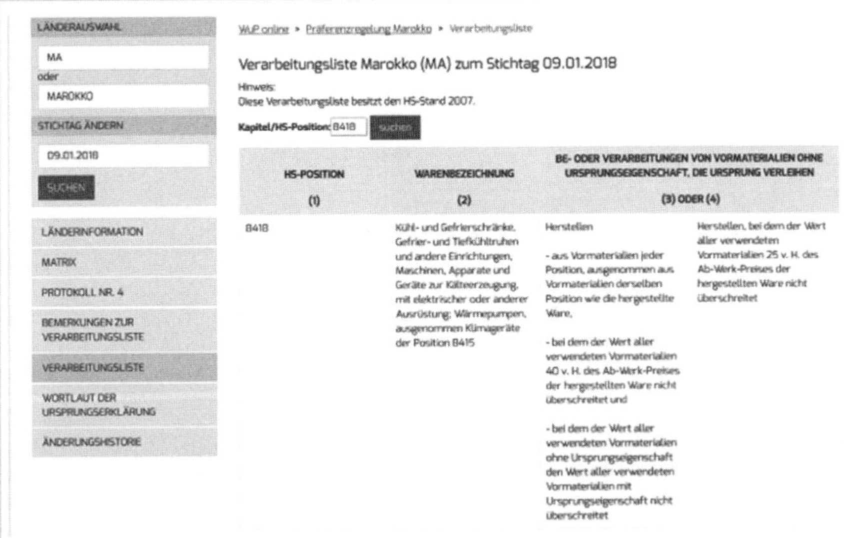

Abb. 10: Präferenzregel für Marokko

Da die Schrift in der Abbildung sehr klein ist, führen wir die einzelnen Punkte der Abbildung hier noch einmal auf:

- Spalte 1: HS-Position »8418«.
- Spalte 2: Die Warenbeschreibung »Kühl- und Gefrierschränke …«
- Spalte 3: Hier werden drei Bedingungen genannt, die gleichzeitig erfüllt sein müssen, um die Ursprungseigenschaft zu erlangen:
  - Die Waren dürfen aus Vormaterialien jeder Position hergestellt sein, außer aus solchen, die in die gleiche Position fallen.
  - Vormaterialien ohne Ursprungseigenschaft dürfen 40 Prozent Ihres Ab-Werk-Preises nicht überschreiten.
  - Der Wert der Vormaterialien ohne Ursprungseigenschaft darf den Wert der Materialien mit Ursprungseigenschaft nicht überschreiten.
- Spalte 4: »Herstellen, bei dem der Wert aller Vormaterialien ohne Ursprungseigenschaft 25 Prozent des Ab-Werk-Preises nicht überschreitet.«

Die Spalten 3 und 4 können alternativ verwendet werden, allerdings existiert bei vielen Produkten nur die Spalte 3. Haben Sie zum Beispiel einen chinesischen Verdampfer eingebaut, der auch in die Position »8418« fällt, haben Sie den ersten Punkt der Spalte 3 nicht erfüllt. Liegt der Wert des chinesischen Verdampfers allerdings unter 25 Prozent Ihres Ab-Werk-Preises, dürften Sie dennoch eine Warenverkehrsbescheinigung EUR-MED oder EUR.1 erstellen, sofern Sie nicht noch andere Nichtursprungswaren eingebaut haben, deren Gesamtwert 25 Prozent des Ab-Werk-Preises übersteigt.

!

Beispiel 2: Export hochwertiger Herrenanzüge

Sie sind ein Hersteller von hochwertigen Herrenanzügen, die Sie außer in der EG auch in die Schweiz und in nordafrikanische Staaten exportieren. Welche Voraussetzungen müssen diese Anzüge erfüllen, damit Sie eine Warenverkehrsbescheinigung erhalten?
Zunächst müssen Sie die auszuführenden Anzüge einreihen. Sie gelangen zur Position »6203«. Die Verarbeitungskriterien schreiben Folgendes vor (hier in der Darstellung für mehrere Staaten):

WuP online > Präferenzregelung Schweiz > Verarbeitungsliste

Verarbeitungsliste Schweiz (CH) zum Stichtag 09.01.2018

Hinweis:
Diese Verarbeitungsliste besitzt den HS-Stand 2007.

Kapitel/HS-Position: 6203 suchen

HS-POSITION	WARENBEZEICHNUNG	BE- ODER VERARBEITUNGEN VON VORMATERIALIEN OHNE URSPRUNGSEIGENSCHAFT, DIE URSPRUNG VERLEIHEN	
(1)	(2)	(3) ODER (4)	
ex Kapitel 62	Bekleidung und Bekleidungszubehör, ausgenommen aus Gewirken oder Gestricken, ausgenommen:	Herstellen aus Garnen[(1)(2)]	

[(1)] Siehe Bemerkung 6.
[(2)] Die besonderen Bedingungen betreffend Waren, die aus verschiedenen textilen Vormaterialien bestehen, sind in der Bemerkung 5 aufgeführt.

Abb. 11: Präferenzregeln für mehrere Staaten; Spalte 4 ist leer und wurde nicht mit abgebildet

Sie können lesen, dass die Anzüge aus Garnen hergestellt sein müssen. Im Klartext bedeutet das: Bei Exporten in die Schweiz und in nordafrikanische Staaten können Sie zwar Garne aus Fernost importieren, diese müssen aber in der EG (oder auch im Pan-Euro-Med-Raum) zu Stoffen verarbeitet worden sein, bevor Sie dann diese Stoffe zu Anzügen verarbeiten. Für das Cariforum, Ostafrika usw. können Sie indes fertige Stoffe z. B. aus China importieren und zu Anzügen verarbeiten. Die so hergestellten Anzüge haben dann EU-Ursprung.

Sind alle Bedingungen erfüllt, kann der Ausführer das in Abb. 12 dargestellte Formular EUR.1 erstellen. Das Ausfüllen des Dokuments ist recht einfach. Wichtig ist, dass Sie im Feld »Sichtvermerke der Zollbehörde« unten links die MRN des Ausfuhrbegleitdokuments eingetragen.

Auf der Rückseite der Durchschrift, die bei der Ausfuhrzollstelle verbleibt (siehe Abb. 13), müssen Sie als Ausführer beschreiben, warum die Kriterien der Ursprungsregelung erfüllt sind. Bei einem Handelsbetrieb, der nicht selbst produziert, kann z. B. eine **Lieferantenerklärung** vorgelegt werden.

WARENVERKEHRSBESCHEINIGUNG

1. Ausführer/Exporteur (Name, vollständige Anschrift, Staat)
Haufe-Lexware Services GmbH & Co KG
Vertrieb Buchhandel
Fraunhoferstr. 5
82152 Planegg

EUR. 1 Nr. **AR** 062312

Vor dem Ausfüllen Anmerkungen auf der Rückseite beachten

2. Bescheinigung für den Präferenzverkehr zwischen der
Europäische Gemeinschft
und
Schweiz
(Angabe der betreffenden Staaten, Staatengruppen oder Gebiete)

3. Empfänger (Name, vollständige Anschrift, Staat) (Ausfüllung freigestellt)
Wilhelm-Tell-Buchhandlung
Rütligasse 12
CH - 1055 Bern

4. Staat, Staatengruppe oder Gebiet, als dessen bzw. deren Ursprungswaren die Waren gelten
EG

5. Bestimmungsstaat, -staatengruppe oder -gebiet
Schweiz

6. Angaben über die Beförderung (Ausfüllung freigestellt)

7. Bemerkungen

8. Laufende Nr.; Zeichen, Nummern, Anzahl und Art der Packstücke [1]**; Warenbezeichnung**
HLS GmbH & Co KG
001 - 005
Adresse
Fachbücher

9. Rohgewicht (kg) oder andere Maße (l, m³, usw.)
36 kg

10. Rechnungen (Ausfüllung freigestellt)

[1] Bei unverpackten Waren ist die Anzahl der Gegenstände oder „lose geschüttet" anzugeben

11. SICHTVERMERK DER ZOLLBEHÖRDE
Die Richtigkeit der Erklärung wird bescheinigt.
Ausfuhrpapier: [2]
Art/Muster ABD Nr. MRN 14DE4802............
Stempel
vom
Zollbehörde:
Ausstellender/s Staat/Gebiet:
Bundesrepublik Deutschland
(Ort und Datum)
(Unterschrift)

12. ERKLÄRUNG DES AUSFÜHRERS/EXPORTEURS
Der Unterzeichner erklärt, daß die vorgenannten Waren die Voraussetzungen erfüllen, um diese Bescheinigung zu erlangen.
Planegg, der TT.MM.JJJ
(Ort und Datum)
(Unterschrift)

[2] In der Bundesrepublik Deutschland vom Ausführer auszufüllen.

Abb. 12: Formular EUR.1

ERKLÄRUNGEN DES AUSFÜHRERS/EXPORTEURS

Der Unterzeichner, Ausführer/Exporteur der auf der Vorderseite beschriebenen Waren,

ERKLÄRT, daß diese Waren die Voraussetzungen erfüllen, um die beigefügte Bescheinigung zu erlangen;

BESCHREIBT den Sachverhalt, aufgrund dessen diese Waren die vorgenannten Voraussetzungen erfüllen, wie folgt:

Die Bücher wurden in Deutschland bei der Druckerei Gutenberg hergestellt

LEGT folgende Nachweise VOR[1]):

Vorlieferantenerklärung der Druckeri Gutenberg

VERPFLICHTET SICH, auf Verlangen der zuständigen Behörden alle zusätzlichen Nachweise zu erbringen, die für die Ausstellung der beigefügten Bescheinigung erforderlich sind, und gegebenenfalls jede Kontrolle seiner Buchführung und der Herstellungsbedingungen für die obengenannten Waren zu dulden;

BEANTRAGT die Ausstellung der beigefügten Bescheinigung für diese Waren.

Planegg, der TT.MM.JJJ

(Ort und Datum)

(Unterschrift)

ACHTUNG: Unrichtige Angaben, die für die Vorzugsbehandlung von Bedeutung sind, können als Steuerstraftat oder Steuerordnungswidrigkeit geahndet werden.

[1]) Zum Beispiel: Einfuhrpapiere, Warenverkehrsbescheinigungen, Rechnungen, Erklärungen des Herstellers usw. über die verwendeten Erzeugnisse oder die in unverändertem Zustand wieder ausgeführten Waren.

Druck genehmigt durch Erlaß des Bundesministers der Finanzen vom 5. Mai 1986 III B 8 – Z 4275 – 4/86

821.73.1 02.2002

Abb. 13: Rückseite des Formulars EUR.1

Auf der Rückseite des die Ware begleitenden Originals kann die Zollbehörde des Bestimmungslands um Nachprüfung der Angaben bei der Zollbehörde des Ausfuhrlands ersuchen:

13. ERSUCHEN UM NACHPRÜFUNG, zu übersenden an:

Zentralstelle Ursprungsnachprüfung
Hoher Heckenweg 221
D-48147 Münster
Telefon (02 51) 16 10-0
Telefax (02 51) 16 10-1 40
Schlüssel-Nr. 1500

Es wird um Überprüfung dieser Bescheinigung auf ihre Echtheit und Richtigkeit ersucht.

(Ort und Datum)

Stempel

(Unterschrift)

14. ERGEBNIS DER NACHPRÜFUNG

Die Nachprüfung hat ergeben, daß diese Bescheinigung [1])

☐ von der auf ihr angegebenen Zollbehörde ausgestellt worden ist und daß die darin enthaltenen Angaben richtig sind.

☐ nicht den Erfordernissen für ihre Echtheit und für die Richtigkeit der darin enthaltenen Angaben entspricht (siehe beigefügte Bemerkungen).

(Ort und Datum)

Stempel

(Unterschrift)

[1]) Zutreffendes Feld ankreuzen.

ANMERKUNGEN

1. Die Warenverkehrsbescheinigung darf weder Rasuren noch Übermalungen aufweisen. Etwaige Änderungen sind so vorzunehmen, daß die irrtümlichen Eintragungen gestrichen und gegebenenfalls die beabsichtigten Eintragungen hinzugefügt werden. Jede so vorgenommene Änderung muß von demjenigen, der die Bescheinigung ausgefüllt hat, gebilligt und von der Zollbehörde des ausstellenden Staates oder Gebietes bestätigt werden.
2. Zwischen den in der Warenverkehrsbescheinigung angeführten Warenposten dürfen keine Zwischenräume bestehen, jeder Warenposten muß mit einer laufenden Nummer versehen sein. Unmittelbar unter dem letzten Warenposten ist ein waagerechter Schlußstrich zu ziehen. Leerfelder sind durch Streichungen unbrauchbar zu machen.
3. Die Waren sind nach dem Handelsbrauch so genau zu bezeichnen, daß die Feststellung der Nämlichkeit möglich ist.

Abb. 14: Ausschnitt aus der Rückseite des Originals der EUR.1

- Wenn eine solche Anfrage einer ausländischen Behörde eingeht, wird die deutsche Zollbehörde eine genaue Prüfung in Ihrem Unternehmen durchführen; von den Produktionsbedingungen über die Importzollwerte bis hin zu den Bankbelegen wird dann alles unter die Lupe genommen. Sollte die Ausstellung des Papiers korrekt gewesen sein, wird das erste Feld rechts angekreuzt und das Papier an die anfragende Behörde zurückgeschickt. Sollte sich der Verdacht der Behörde, dass eine unrichtige Ursprungserklärung abgegeben wurde, bestätigen, wird es für beide Seiten teuer. Derjenige, der das Dokument zu Unrecht ausgestellt hat, wird mit einem Bußgeld oder einer Strafe (je nach Schwere) belegt, der ausländische Käufer wird zollpflichtig.
- War die zu Unrecht ausgestellte EUR.1 Teil des Kaufvertrags, kann der Käufer vom Vertrag zurücktreten oder sich zumindest seine Kosten erstatten lassen. Deshalb sollten Sie eine EUR.1 nicht leichtfertig ausstellen und auch keinen Spediteur damit beauftragen, weil der Spediteur die Produktionsumstände gar nicht kennen kann.

Für Sendungen unter einem bestimmten Betrag (meist unter 6.000 EUR) ist kein Formular notwendig; hier genügt eine vorformulierte Erklärung auf der Handelsrechnung. Für Exporteure mit regelmäßig wiederkehrenden Ausfuhren kann ein LT-Zertifikat erstellt werden. Dann muss kein Formular mehr ausgefüllt werden, stattdessen genügt eine Erklärung auf der Handelsrechnung unter Angabe der Nummer des LT-Zertifikats.

Neuere Abkommen (z. B. Kanada, Japan) haben einfachere Präferenzregeln, die wohl beispielhaft für weitere Abkommen sein werden. So gelten für Japan für alle Waren folgende Regeln:

Code	Fallgruppe nach Artikel...	Angewendete Ursprungsregel
A	für ein Erzeugnis nach Artikel 3.2 Absatz 1 Buchstabe a	Erzeugnisse, die im Sinne des Artikels 3.3 **vollständig gewonnen oder hergestellt** worden sind
B	für ein Erzeugnis nach Artikel 3.2 Absatz 1 Buchstabe b	Erzeugnisse, die **ausschließlich aus Vormaterialien mit Ursprung** in der Vertragspartei hergestellt worden sind
C	für ein Erzeugnis nach Artikel 3.2 Absatz 1 Buchstabe c, mit der folgenden Zusatzinformation zur Art der erzeugnisspezifischen Voraussetzung, die für das Erzeugnis gilt:	Erzeugnisse, die unter Verwendung von Vormaterialien ohne Ursprungseigenschaft hergestellt worden sind, sofern sie alle geltenden Voraussetzungen des Anhangs 3-B erfüllen (**erzeugnisspezifische Ursprungsregeln**)
C	1	für die Regel „zolltarifliche Neueinreihung“
C	2	für eine Regel des Höchstwerts der Vormaterialien ohne Ursprungseigenschaft oder des minimalen regionalen Wertanteils
C	3	für eine Regel des spezifischen Herstellungsverfahrens
C	4	bei Anwendung der Bestimmungen des Abschnitts 3 der Anlage 3-B-1 (Bestimmungen für bestimmte Fahrzeuge und Fahrzeugteile)
D	für die Kumulierung nach Artikel 3.5	**Bilaterale Kumulierung**
E	für die Toleranz nach Artikel 3.6	**Allgemeine Toleranz** oder **spezifische Toleranz** für Waren der Kapitel 50 bis 63 des HS nach Bemerkungen 6 bis 8 des Anhangs 3-A

Für Südkorea, Kanada und Japan werden keine EUR.1-Formulare mehr verwendet, vielmehr ist die »Erklärung zum Ursprung« (EzU) generell auf der Handelsrechnung anzubringen. Dazu muss der Ausführer der »Registrierte Ausführer« (REX) sein. Die Erklärung hat z. B. für Japan folgenden (deutschen) Wortlaut:

Deutsche Version:

(Zeitraum: von ____________ bis ____________[1])

Der Ausführer (Referenznummer des Ausführers **DEREX**........[2]) der Waren, auf die sich dieses Handelspapier bezieht, erklärt, dass diese Waren, soweit nicht anders angegeben, präferenzbegünstigte Ursprungswaren ....[3] sind.

(Verwendete Ursprungskriterien[4])

....

(Ort und Datum [5])

....

(Name des Ausführers in Druckbuchstaben)

....

Das Präferenzrecht enthält insgesamt recht komplizierte Regelungen, die genau beachtet werden müssen, weil sie zur Abgabenhinterziehung führen können. Bei Unsicherheiten sollten Sie eine **verbindliche Ursprungsauskunft** beantragen:

- Für präferenzielle Ursprungsauskünfte (Warenverkehrsbescheinigung) und Marktordnungswaren mit Ausfuhrerstattung ist das Hauptzollamt Hannover (Waterloostr. 5, 30169 Hannover) zuständig.
- Für nicht präferenzielle Ursprungsauskünfte (UZ) sind die örtlichen Industrie- und Handelskammern (IHK) zuständig.

Die erteilte Auskunft ist – bei korrekt vorgelegten Unterlagen – für alle Zollstellen und IHKs in der EG für **drei Jahre** ab dem Datum der Erteilung bindend. Wird die Ursprungsauskunft für ungültig erklärt, besteht in der Regel ein **Vertrauensschutz von sechs Monaten**, wenn nachgewiesen wird, dass ein rechtsverbindlicher Vertrag vorliegt. Die Erteilung der Auskunft muss so schnell wie möglich nach Antragstellung, spätestens aber 150 Tagen nach der Annahme des Antrags erfolgen. Es gibt einen EG-einheitlichen Vordruck: »Antrag auf Bewilligung einer verbindlichen Zolltarifauskunft«. Das Antragsformular 0307 können Sie samt Erläuterungen auf der Webseite zoll.de als Download-Formular im PDF-Format abrufen.

Wichtig: Festgestellte Ursprungseigenschaft

Es ist unbedingt notwendig, dass der Produktionseinkauf nach einer einmal festgestellten Ursprungseigenschaft die Exportabteilung über jede Veränderung der verarbeiteten Drittlandsprodukte informiert, weil es sonst zu unbeabsichtigten Falschbeurkundungen mit allen unangenehmen Folgen (Bußgeld für den Hersteller, Einfuhrabgaben für den Käufer) kommen kann.

Beispiel: Was schiefgehen kann – ein Fall aus der Praxis

Ein deutsches Handelsunternehmen hat drei Sattelzüge mit Stahlwaren in die Türkei verkauft. Mit dem Transport beauftragt sie eine große deutsche Spedition. Die Spedition soll auch das Ausfuhrbegleitdokument und die Warenverkehrsbescheinigung (A.TR mit Freiverkehrsprinzip, die auch von einem Spediteur ausgestellt werden kann) erstellen. Das Ausfuhrbegleitdokument wird von der Spedition selbst erstellt, die A.TR von einer weiteren

Spedition, der das Ausfuhrbegleitdokument zur Verfügung steht. Der Transport startet Mitte Dezember. Bei der Ankunft verweigert der türkische Zoll die Abfertigung. Da in Deutschland inzwischen Weihnachten ist, ist hier niemand erreichbar. Die Lkw stehen beladen herum. Erst nach Tagen kann das Problem bereinigt werden – aber die Lkw-Unternehmer wollen Standgeld für die Wartezeit. Wer soll das zahlen?
Natürlich hat die Spedition die Kosten dem Auftraggeber in Rechnung gestellt. Der hat die Zahlung allerdings verweigert. Zu Recht? Erst nach Einsicht der Dokumente konnte der Fall gelöst werden. Der Exporteur hatte eine detaillierte, mehrseitige Handelsrechnung erstellt. Der Spediteur war allerdings »bequem« und hat die Waren im Ausfuhrbegleitdokument in die Warenposition »andere Stahlwaren« eingeordnet. Den deutschen Zoll hatte das nicht weiter interessiert, die Ware war genehmigungsfrei, es gab keine Restriktionen, der Rest ist »eh« nur Statistik. Der zweite Spediteur hat die »Beschreibung« des Ausfuhrbegleitdokuments in die A.TR übernommen, die dem türkischen Zoll vorgelegt werden musste. Der hatte nun ein Präferenzpapier in der Hand, in dem die Warenbeschreibung überhaupt nicht mit der Handelsrechnung übereinstimmte – und fertigte deshalb die Ware zu Recht nicht ab.
Da der Hauptspediteur mit der Erstellung der Dokumente beauftragt war, diese aber nicht korrekt waren, musste er am Ende das Standgeld tragen. Hätte der Verkäufer die Dokumente selbst unkorrekt ausgestellt, hätte er die Kosten übernehmen müssen.

!

Tipp: Manchmal hilft eine Preiskorrektur

Sollten Sie bei der Beurteilung der Ursprungseigenschaft die vorgegebenen Anforderungen nur knapp verfehlen, sollten Sie prüfen, ob Sie dem mit einer Preiskorrektur entgegenwirken können. Ein höherer Ab-Werk-Preis mit Warenverkehrsbescheinigung kann für den Käufer günstiger sein als ein niedrigerer Preis ohne dieses Dokument.

!

Auf den Punkt gebracht

Bei Exporten sind vom Verkäufer teilweise Ursprungszeugnisse (ohne Zollermäßigung) oder Warenverkehrsbescheinigungen (mit Zollermäßigung) zu erstellen. Die Beachtung der Ursprungskriterien ist besonders zu beachten. Verbindliche Ursprungsauskünfte sind möglich. Die Lösung zur folgenden Ursprungsübung finden Sie in Kapitel 7.3. Sie sollten diese Übung allerdings erst machen, wenn Sie sicher im Einreihen/Tarifieren sind – auch dazu gibt es Übungen.

!

Übungsaufgabe: Ursprungszeugnis und Warenverkehrsbescheinigung

In Ihrem Betrieb werden Lautsprecherboxen gefertigt. Hierzu importieren Sie Hochtöner (Zollwert je Stück: 12,78 EUR), Mitteltöner (Zollwert: 18,25 EUR) und Basslautsprecher (Zollwert: 48,88 EUR) aus Taiwan. Zur Fertigung werden Holz, Dämmmaterial, Frequenzweichen usw. aus der EG im Gesamtwert von 76,55 EUR eingesetzt. Die Boxen werden zu einem Stückpreis von 395,00 EUR exportiert.

Fragen:

1. Ein arabischer Importeur benötigt ein Ursprungszeugnis. Welchen Ursprung haben die Waren?
2. Ein Schweizer Importeur wünscht eine EUR.1, damit er Zollfreiheit hat. Sind die Voraussetzungen für das Ausstellen einer EUR.1 gegeben?

3.4 Zoll im Bestimmungsland

Bei manchen Ausfuhren kann es für den Exporteur wichtig sein, dass er schon weiß, wie hoch die Einfuhrabgaben im Bestimmungsland sein werden. Mindestens, wenn eine DDP-Lieferung vereinbart ist, aber auch sonst kann die Höhe der Einfuhrabgaben von Bedeutung sein, um feststellen zu können, ob die eigenen Produkte trotz der Einfuhrabgaben noch konkurrenzfähig sind.

Im Zeitalter des Internets sind fast alle Zollverwaltungen erreichbar, und die meisten stellen den Zolltarif auch online zur Verfügung. Neben einer Version in der Landessprache ist fast immer eine Version in einer europäischen Sprache verfügbar, meist Englisch, Französisch oder Spanisch.

Wie können Sie sich informieren? Natürlich kennen Sie nicht die Webadressen aller Zollverwaltungen der Welt, aber es gibt zwei Adressen, die weiterleiten:

- Die Weltzollorganisation mit ihrer Adresse wcoomd.org[14] und
- tis-gdv.de, wo Sie unter Länderinformationen immer auch einen Link zur Zollverwaltung des aufgerufenen Lands finden.

Unten sehen Sie als Beispiel die Homepage des vietnamesischen Zolls. Bei den Symbolen oben rechts sehen Sie unter dem Icon mit den Büchern den Begriff »Tariff Search«. Klicken Sie ihn an, gelangen Sie in den Tarif. Wenn Sie die Positionsnummer des Harmonisierten Systems Ihrer Exportware kennen, finden Sie auch schnell den entsprechenden Zollsatz.

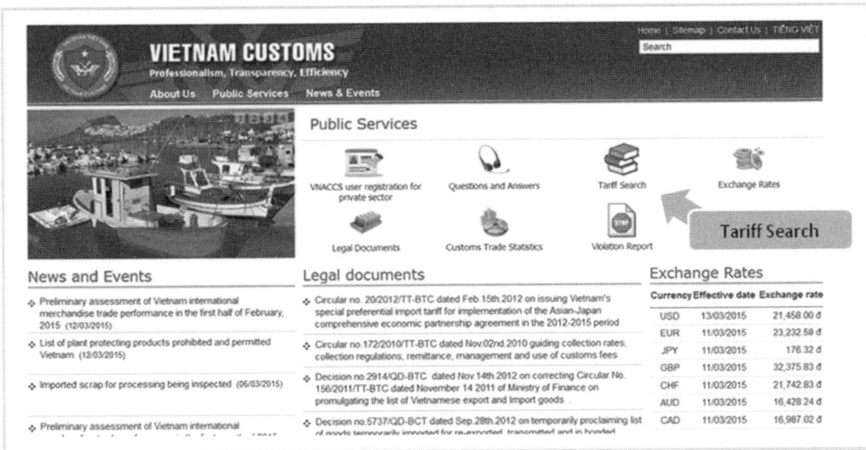

Abb. 15: Homepage des vietnamesischen Zolls

14 Siehe http://auskunft.ezt-online.de/ezto/Welcome.do;jsessionid=mVDnJnlWNhMHn1Ws3pP3N7qkSz10NRTVkPF3s2Gn6hD2kWy26r1B!1818313780.

3.5 Informationsquellen

Da wir in einem Schnelleinstieg nicht alles darstellen können und man im Normalfall auch nicht alles weiß, ist es wichtig, die richtigen Informationsquellen für den Einzelfall zu haben. Zu allen hier im Buch behandelten Themen finden Sie weitere Informationen unter

- Zoll.de
  Hier werden **alle** Themen sehr ausführlich dargestellt (Ursprungsrecht, Verbote und Beschränkungen, Zollwert usw.). Außerdem können Sie viele Formulare und Merkblätter zu den verschiedenen Themen downloaden und finden zahlreiche Datenbanken, die für das tägliche Geschäft notwendig sind.
- Destatis.de
  Das Statistische Bundesamt liefert viele Datenquellen für den Außenhandel, darunter auch einen Außenhandelsatlas, aus dem sich die Handelsvolumina mit allen Staaten herauslesen lassen – auch produktgruppendifferenziert.
- Wto.org
  Hier finden Sie Statistiken zum Welthandel mit vielen Zusatzinformationen.
- Bafa.de
  Enthält Informationen über Verbote und Beschränkungen, Embargos usw. Außerdem können Sie hier Ein- und Ausfuhrgenehmigungen beantragen.
- Tis-gdv.de
  Das Transportinformationssystem des Gesamtverbands Deutscher Versicherer enthält Informationen über alle Zielländer – und einen Link zu den dortigen Zollbehörden, sodass Sie feststellen können, welche Vorschriften und Einfuhrabgaben im Bestimmungsland zu erwarten sind. Aber auch sonst ist diese Seite für Exporteure sehr hilfreich, aufgrund ihrer Produkt- und Verpackungsinformationen, Versicherungsfragen usw.

Darüber hinaus sind Ihre zuständige IHK und die jeweiligen Außenhandelskammern zu Auskünften bereit und verpflichtet.

!

Auf den Punkt gebracht

- Je nach Bestimmungsland sind weitere Ausfuhrdokumente erforderlich. Die notwendigen Dokumente sollte eigentlich der Käufer im Kaufvertrag anfordern.
- Bei assoziierten Staaten führt eine Warenverkehrsbescheinigung (z. B. EUR.1) zu einer Zollermäßigung bzw. zum Zollerlass.
- Die Voraussetzungen für eine ursprungsbegründende Warenverkehrsbescheinigung sind sehr kompliziert und müssen genau beachtet werden.

4 Import

Auch beim Import wird zwischen Intrahandel (innerhalb der EU) und Extrahandel (Einfuhr aus Drittstaaten) unterschieden. Juristisch werden hier die Begriffe **Eingang** und **Einfuhr** verwendet. Auf jeden Fall müssen Sie beim Import Steuern und eventuell auch andere Abgaben entrichten. Deshalb ist das Importgeschäft immer etwas komplizierter als das Exportgeschäft – was sich auch im seitenmäßigen Anteil in diesem Buch niederschlägt.

4.1 Der Intrahandel (Eingang)

Um Wiederholungen zu vermeiden: Alle Punkte aus Kapitel 3.1 gelten auch für den Intrahandel:

- umsatzsteuerfreie Rechnung mit Umsatzsteuer-Identifikationsnummer,
- INTRASTAT-Meldungen ab einer Assimilationsschwelle von 800.000 EUR pro Jahr[15],
- möglicherweise entfallende Verbrauchsteuer,
- möglicherweise erforderliche Warenverkehrsbescheinigung T2L, wenn die Ware über Nicht-EG-Gebiet befördert wurde.

Zusätzlich zu den in Kapitel 3.1 behandelten Punkten ist Folgendes zu beachten:

- Sollte die Ware verbrauchsteuerpflichtig sein (innergemeinschaftliches Warenbegleitdokument), ist die Verbrauchsteuer in Deutschland zu entrichten,
- auf jeden Fall fällt die »Steuer auf den innergemeinschaftlichen Erwerb« (Erwerbsteuer) an, die in ihrer Höhe der Mehrwertsteuer entspricht; 19 Prozent im Regelfall, 7 Prozent ermäßigt – sie kann wie jede Umsatzsteuer als Vorsteuer geltend gemacht werden. Die Anmeldung erfolgt mit der (monatlichen) Umsatzsteuervoranmeldung.

Auf den Punkt gebracht !

- Beim Eingang von Unionsware im Intrahandel hat der Käufer die »Steuer auf den innergemeinschaftlichen Erwerb« zu entrichten, die in ihrer Höhe der Mehrwertsteuer entspricht; ggf. sind auch Verbrauchsteuern zu entrichten.
- Ab einem Jahresumsatz von 800.000 EUR im innergemeinschaftlichen Handel ist die INTRASTAT-Meldung abzugeben.

15 Siehe https://www-idev.destatis.de/idev/OnlineMeldung.

4.2 Der Extrahandel (Einfuhr) – Abfertigung zum zoll- und steuerrechtlich freien Verkehr

Bei jeder Einfuhr aus einem Drittland wird die Ware an der Eingangszollstelle »gestellt« und im ATLAS-System (Österreich: e-Zoll-System, Schweiz: EZV) mit der »summarischen Anmeldung« (SumA) erfasst. Die **Gestellung** erfolgt durch denjenigen, der die Ware über die Grenze transportiert, in der Regel also durch den Frachtführer oder seinen Mitarbeiter (z. B. durch einen Fahrer). Mit der Erfassung der Ware wird vom ATLAS-System eine Nummer vergeben (hier: AT/A-Nummer), die bei der weiteren Behandlung wie z. B. einer Einfuhranmeldung angegeben werden muss, damit sie wieder aus dem System gelöscht werden kann. Diese Nummer setzt sich wie folgt zusammen:

- AT für ATLAS,
- A (oder ein anderer Buchstabe) für die Art der Anmeldung,
- 40 (oder eine andere Zahl) für das gewünschte Verfahren,
- fortlaufende Nummer,
- Monat,
- Jahr,
- Abfertigungszollstelle (z. B. 3302 für Frankfurt Flughafen).

Spätestens 90 Tage nach der Gestellung muss eine Zollanmeldung erfolgen. Der Zollbeteiligte oder ein von ihm Beauftragter (z. B. ein Spediteur) kann einen Antrag bzw. eine Anmeldung zur Abfertigung zum zoll- und steuerrechtlich freien Verkehr oder zu einem anderen Zollverfahren (Nichterhebungsverfahren oder Verfahren von wirtschaftlicher Bedeutung) stellen.

Bei der Einfuhr von Drittlandsware läuft die Zollabwicklung im »Normalfall« (Abfertigung zum freien Verkehr ohne Vereinfachungen) wie folgt ab:

1. Am Verbringungsort (Grenze): Gestellung bzw. summarische Anmeldung,
2. Frist maximal 90 Tage: Zollanmeldung (Abfertigung zum freien Verkehr),
3. Prüfung und Entscheidung durch die Zollbehörden,
4. eventuelle Zollbeschau,
5. Zollbefund,
6. Berechnung der Abgaben,

7. Zollbescheid,
8. Zahlung der Einfuhrabgaben,
9. Freigabe der Ware.

Genauso gut hätte unter 2. eine Abfertigung zu einem Zollversandverfahren (z. B. T1) erfolgen können. Dann würden die weiteren Schritte erst am Bestimmungsort erfolgen.

4.2.1 Die Zollanmeldung

In diesem Kapitel wird zunächst die Abfertigung zum zoll- und steuerrechtlich freien Verkehr dargestellt. Die anderen Verfahren werden gesondert in Kapitel 5 beschrieben. Auch für die anderen Verfahren ist das, was im Folgenden dargestellt wird, anzuwenden. Zunächst wird am Beispiel einer Handelsrechnung nachvollzogen, welche Daten aus der Rechnung in die Einfuhranmeldung übernommen werden. Die zu ergänzenden Felder sind dann nur mit den Ziffern der Kapitel (kursiv) gekennzeichnet, in denen sie im Buch abgehandelt werden. Dort wird dann die Lösung gezeigt. Diverse Schlüsselnummern müssen Sie dem »**Merkblatt zu Zollanmeldungen, summarischen Anmeldungen und Wiederausfuhranmeldungen**« entnehmen.

Hier wurde als Dokument das Einheitspapier in der Formulardarstellung verwendet. Bei der Einfuhr ist das durchaus zulässig, denn es ist eine Steuererklärung, die jeder private Einführer als Steuerpflichtiger selbst erstellen darf. In der Praxis werden fast alle Einfuhren über das ATLAS-System abgefertigt; auch eine auf Papier erstellte Einfuhranmeldung muss in das ATLAS-System eingegeben werden. Die Bezeichnung der Eingabefelder ist – wie wir schon erwähnt haben – mit den Bezeichnungen im Einheitspapier identisch, egal welche Software Sie nutzen.

! Beispiel: Stereoanlage aus Malaysia

Ihnen liegt die folgende Importrechnung vor:

Malaysian Electronic Ltd. — **Invoice No.** **2340907**

Unesco Ave. 24
Kuala Lumpur
Malaysian Electronic Ltd.
Phone Fax: Fax

Invoice

Client

Name:	Merkur-Hanse GmbH
Address:	Berger Str. 60 - 62
Zip-code	60348 — City: Frankfurt am Main
Country	Germany
Phone	0049-69-4200458

Date	12.10.20XX
Order No.	76873-XX
Seller	Mr. Lee

	Commodity		**TOTAL**
420	Ciberion ST 420 Compact Stereo Equipment - ready for iPod 420 cartons marked MEL Ciberion 32, 001 - 420 gr. Weight: 6190 kgs, net weight: 5875 kgs Merchandise is of Malaysian origin Certificate of Origin Form A L/C No. 4757869-77	268,95 $	112.959,00 $

Sum	112.959,00 $
shipping	
Tax	
Tax	
Total	112.959,00 $

Payment Terms	L/C
delivery Terms	FOB Shanghai
Date	20XX-10-14
Shipping	by seafreight

Shipped in 40-ft-Container HLCU 407925-4, "Singapur Express", Vo. No. 2348

Außerdem liegen Ihnen die folgenden Informationen – z. B. aus einer Speditionsrechnung – vor:

Seefracht inkl. aller Zuschläge:	2.856,78 USD
Löschkosten in Hamburg:	240,00 EUR
Weiterleitung nach Frankfurt inkl. T1-Abfertigung (netto):	844,50 EUR

Die Verzollung erfolgt in Frankfurt. Der USD-Kurs beträgt 1,3125.

EUROPÄISCHE GEMEINSCHAFT

6 — Exemplar für das Bestimmungsland

A Bestimmungsstelle

1 ANMELDUNG: IM A XXXXX

2 Versender/Ausführer Nr.
Malaysian Electronic Ltd.
Unesco Ave., 24
Kuala Lumpur
Malaysia

3 Vordrucke | 4 Ladelisten: XXXXX

5 Positionen: 1 | 6 Packst. insgesamt: XXXXXXX | 7 Bezugsnummer

8 Empfänger Nr.
Merkur-Hanse GmbH - EORI-Nummer-
Berger Str. 60 - 62
60348 Frankfurt

9 Verantwortlicher für den Zahlungsverkehr Nr.: XXXXXXXXXXXXXXXXXXXXXXXXXXXXXXXXXX

10 Letztes Her- kunfts land: XXX | 11 Hand./Erz. Land | 12 Angaben zum Wert: XXXXXXXXXXXXXX | 13 G. L. P.: XXXXX

14 Anmelder/Vertreter Nr.

15 Versendungs-/Ausfuhrland | 15 Vers./Ausf.L.Code: MY | XX | 17 Bestimm.L.Code: 06

16 Ursprungsland | 17 Bestimmungsland: XXXXXXXXXXXXXXXX

18 Kennzeichen und Staatszugehörigkeit des Beförderungsmittels bei der Ankunft: Schiff | 19 Ctr.: 1

20 Lieferbedingung: FOB Shanghai

21 Kennzeichen und Staatszugehörigkeit des grenzüberschreitenden aktiven Beförderungsmittels: Schiff "Haufe-Express" | DE

22 Währung u. in Rechn. gestellter Gesamtbetr.: USD 112.959,00 | 23 Umrechnungskurs: 1,3125 | 24 Art des Geschäfts: 1 1

25 Verkehrszweig an der Grenze: 1 | 26 Inländischer Verkehrszweig: 2 | 27 Entladeort

28 Finanz- und Bankangaben: XXXXXXXXXXXXXXXXXXXXXXXXXXXXXXXXXX

29 Eingangszollstelle | 30 Warenort

31 Packstücke und Warenbezeichnung — Zeichen und Nummern - Container Nr. - Anzahl und Art:
HLCU-204623-4 420 CT Stereokompaktanlagen
MEL Ciberion 32, 001 - 420

32 Positions Nr.: 1 | 33 Warennummer: Kapitel 4.2.2

34 Ursprungsland Code: MY | XX | 35 Rohmasse (kg): 6190 | 36 Präferenz: 200

37 Verfahren: 4000 | 38 Eigenmasse (kg): 5875 | 39 Kontingent

40 Summarische Anmeldung/Vorpapier: AT-A Nr.

41 Besondere Maßeinheit: 420 | 42 Artikelpreis | 43 B. M. Code: X

44 Besondere Vermerke/Vorgelegte Unterlagen/Bescheinigungen u. Genehmigungen:
[X] Hinsichtlich aller angemeldeten Waren zum vollen Vorsteuerabzug berechtigt.
N380, N821
N865, N934
EG-Beförderungskosten EUR 1084,50

Code B. V.: XXX | 45 Berichtigung: XXXXXXXXX

46 Statistischer Wert: 86064

47 Abgabenberechnung

Art	Bemessungsgrundlage	Satz	Betrag	ZA
A00	*Kapitel 4.2.4*	*Kapitel 4.2.3*	*Kapitel 4.2.6*	
B00	*Kapitel 4.2.5*		*Kapitel 4.2.6*	
	Summe			

48 Zahlungsaufschub | 49 Bezeichnung des Lagers

B Angaben für Verbuchungszwecke

50 Hauptverpflichteter Nr.: XXXXXXXXXXXXXXXXXXXXXXXXXXXXXXXXXXXXXXXXXXXXXXXX
vertreten durch
Ort und Datum:
Unterschrift:

C Abgangsstelle: Frankfurt, der TT.MM.JJJJ
Merkur-Hanse GmbH

51 Vorgesehene Durchgangszollstellen (und Land): XXXXXXXXXXX | XXXXXXXXXXX | XXXXXXXXXXX | XXXXXXXXXXX | XXXXXXXXXXX | XXXXXXXXXXX

52 Sicherheit nicht gültig für: XXXXXXXXXXXXXXXXXXXXXXXXXXXXXXXXXXXXXXXXXXXXXXXX | Code: XX | 53 Bestimmungsstelle (und Land): XXXXXXXXXXXXXXXXXXXXXXXXX

J Prüfung durch die Bestimmungsstelle

54 Ort und Datum:
Unterschrift und Name des Anmelders/Vertreters:

0747 Einheitspapier (Bestimmung - Eingang/Einfuhr - mit zusätzlichem Exemplar 6) - III B 1 (2005)

Zum abgebildeten Formular: Für die Einfuhr sind die Blätter 6, 7 und 8 zu verwenden. Fast alle Angaben wurden aus der Rechnung der Malaysian Electronic Ltd. übernommen. Lediglich einige Codes stammen aus dem »Merkblatt zu Zollanmeldungen, summarischen Anmeldungen und Wiederausfuhranmeldungen«, so z. B. die ISO-Codes »MY« für Malaysia, »USD« für US-Dollar, »CT« für Karton.

Die wichtigsten Felder im Einzelnen:

- Feld 1: Erstes Unterfeld »IM« für Import, zweites Unterfeld »A« für Normalverfahren.

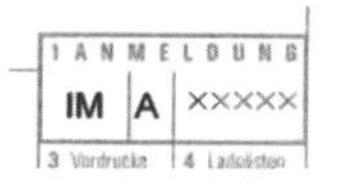
1 ANMELDUNG
IM | A | XXXXX
3 Vordrucke | 4 Ladelisten

- Feld 2: Der Verkäufer steht ebenso auf der Rechnung wie …
- Feld 8: … der Käufer (wahrscheinlich Ihr Unternehmen).
- Feld 15: Der ISO-Code »MY« für Malaysia.

15 Vers./Ausf.L.Code
a | MY | b | XX
17 Bestimmungsland

- Feld 17: Der Code des Statistischen Bundesamts für Hessen (»06«).

17 Bestimm.L.Code
a | b | 06

- Felder 18 und 21: Sie müssen das grenzüberschreitende Beförderungsmittel eintragen; bei Schiffstransporten auch den Namen des Schiffs, den Sie dem Konnossement entnehmen können.

18 Kennzeichen und Staatszugehörigkeit des Beförderungsmittels bei der Ankunft
Schiff
19 Ctr.
1
21 Kennzeichen und Staatszugehörigkeit des grenzüberschreitenden aktiven Beförderungsmittels
Schiff "Haufe Express" | DE

- Felder 20, 22, 23 und 24: Die Lieferbedingung gemäß Incoterms® können Sie der Rechnung ebenso entnehmen wie den Gesamtpreis der Rechnung. Der Umrechnungskurs (Feld 23) wird von den Zollbehörden für einen Monat festgelegt. Die Ziffer 11 in Feld 24 bedeutet »Endgültiger Kauf« – der Standard.

20 Lieferbedingung
FOB | Shanghai
22 Währung u. in Rechn. gestellter Gesamtbetr.
USD | 112.959,00
23 Umrechnungskurs
1,3125
24 Art des Geschäfts
1 | 1
28 Finanz- und Bankangaben

- Feld 29: Die dem Anhang des Merkblatts zu entnehmende Zollstelle, bei der die Ware gestellt wurde. »DE« steht für Deutschland.

29 Eingangszollstelle
DE002452

- Feld 31: Kennzeichnung und Warenbeschreibung. Hier geben Sie zunächst die Containernummer (dem Konnossement entnommen) an, dann die Anzahl und den Inhalt der 420 Kartons sowie deren Kennzeichnung.

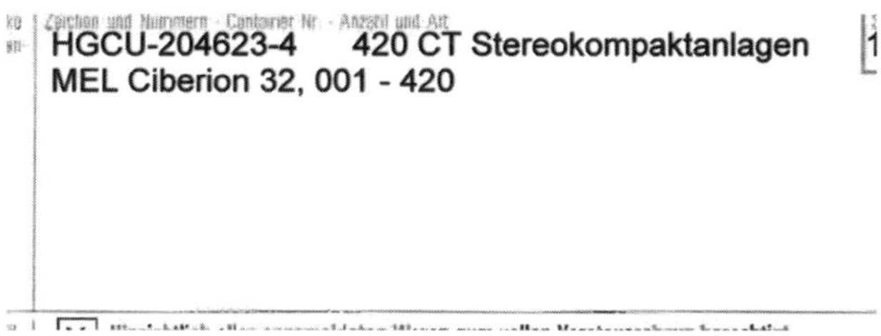
HGCU-204623-4 420 CT Stereokompaktanlagen 1
MEL Ciberion 32, 001 - 420

- Feld 33: Die beim Einreihen festgestellte Warennummer; 1. Unterfeld: die NIMEXE (8-stellig); 2. Unterfeld Ziffern 9 und 10 (EG); 3. und 4. Unterfeld: eventuelle Zusatzcodes; 5. Unterfeld: die 11. (deutsche) Ziffer.

1 Kapitel 4.2.2

- Felder 37 und 38: Das beantragte Verfahren; »40« = Abfertigung zum zoll- und steuerrechtlich freien Verkehr; »00« = ohne vorangegangenes Verfahren; in Feld 38 tragen Sie das Nettogewicht ein.

37 VERFAHREN 4000
38 Eigenmasse (kg) 5875

- Felder 40 und 41: Hier wird eine Nummer der vorherigen Erfassung über SumA (Gestellung) eingetragen oder ein Code über ein eventuelles Vorpapier; in Feld 41 wird die besondere Maßeinheit der Außenhandelsstatistik eingetragen; die »normale« Maßeinheit ist kg, das macht aber bei Kompaktanlagen keinen Sinn, bei denen die Stückzahl sinnvoll wäre; Maßeinheiten können aber auch Quadratmeter, Hektoliter usw. sein.

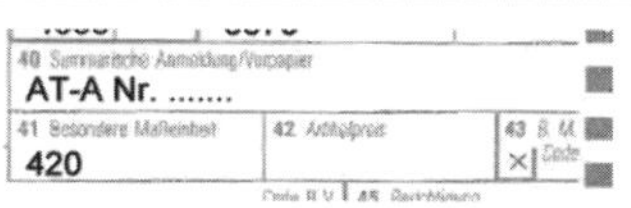
40 Summarische Anmeldung/Vorpapier AT-A Nr. ....
41 Besondere Maßeinheit 420
42 Artikelpreis
43 B. M. Code ×

- Feld 44: Hier werden alle mit vorgelegten Dokumente mit Kennziffern (siehe Merkblatt) benannt, z. B. die Handelsrechnung, die Warenverkehrsbescheinigung, das Konnossement und die Zollwertberechnung D.V.1; außerdem wurde angekreuzt, dass der Importeur zum Vorsteuerabzug berechtigt ist.

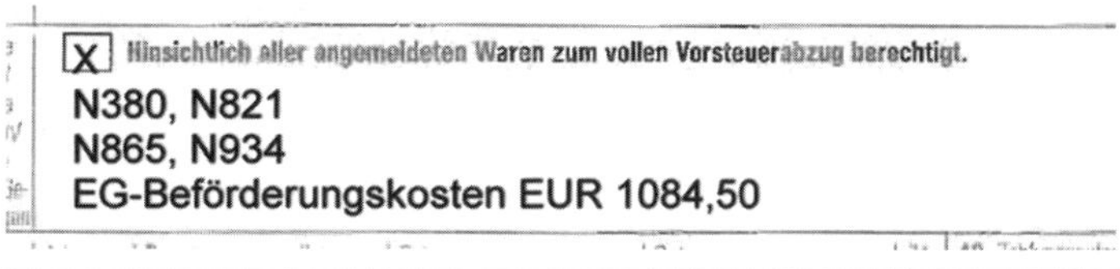
[X] Hinsichtlich aller angemeldeten Waren zum vollen Vorsteuerabzug berechtigt.
N380, N821
N865, N934
EG-Beförderungskosten EUR 1084,50

- Feld 47: Hier müssen Sie zumindest die Art der Einfuhrabgabe und die jeweilige Bemessungsgrundlage eintragen; in der Spalte »Art« müssen Sie z. B. »A00« für Zoll und »B00« für die Einfuhrumsatzsteuer eintragen; dahinter dann den Zollwert bzw. den EUSt-Wert; obwohl auch auf den Zoll EUSt berechnet wird, müssen Sie ihn in der Bemessungsgrundlage nicht unbedingt berücksichtigen; in der Spalte »ZA« tragen Sie die Zahlungsart (bar, Aufschubkonto usw.) ein.

47 Abgabenberechnung	Art	Bemessungsgrundlage	Satz	Betrag	ZA	48 Z
	A00 B00	*Kapitel 4.2.4* *Kapitel 4.2.5*	*Kapitel 4.2.3*	*Kapitel 4.2.6* *Kapitel 4.2.6*		B A
	Summe					

!

Wichtig: Dokumente müssen eingereicht werden

Im Rahmen der Zollanmeldung müssen Sie – wie bei jeder Steuererklärung auch – alle zur Beurteilung durch die Behörden notwendigen Dokumente mit einreichen. In der Regel handelt es sich hierbei um die Handelsrechnung und Unterlagen über die Transportkosten (Speditionsrechnungen, Air Way Bills, Konnossemente usw.) sowie gegebenenfalls Dokumente, die zur Zollermäßigung führen (Warenverkehrsbescheinigungen), oder Dokumente des Außenwirtschaftsrechts (wie Einfuhrgenehmigungen, CITES-Bescheinigungen, Gesundheitszeugnisse usw.). Die Ware wird nur abgefertigt, wenn alle Unterlagen vollständig vorhanden sind. In Einzelfällen ist eine vorläufige Abfertigung möglich.
Darüber hinaus ist der Zoll berechtigt, weitere Dokumente zu verlangen (z. B. den Kaufvertrag) oder vorgelegte Dokumente überprüfen zu lassen (z. B. die Warenverkehrsbescheinigung).

4.2.2 Die Einreihung (Tarifierung)

Zu Beginn jeder Anmeldung sollten Sie zunächst die Warennummer (Feld 33) feststellen. Sie muss auf jeden Fall angegeben werden und bildet die Grundlage für die Berechnung der Einfuhrabgaben. Ergibt sich bei der Einreihung ein prozentualer Zollsatz, müssen Sie danach den Zollwert feststellen. Diese Zollwertermittlung können Sie sich sparen, wenn Sie beim Einreihen feststellen, dass die Ware zollfrei ist oder ein Gewichtszoll anfällt.

In Kapitel 1.5 wurde schon kurz das Harmonisierte System angerissen. Ergänzend weisen wir hier darauf hin, dass es zu jedem Abschnitt und zu jedem Kapitel des Harmonisierten Systems einführende Vorschriften gibt, die Gesetzescharakter haben. Hier werden Begriffe geklärt und Einreihungsvorschriften, aber auch Hinweise gegeben, welche Ware nicht zu diesem Kapitel gehört und wo sie stattdessen einzureihen ist. Drei Beispiele hierzu:

Beispiele: Tarifierung !

1. Wenn Sie Tafelkreide einführen und nur nach dem Wort »Kreide« suchen, werden Sie in Kapitel 25 fündig. In den einführenden Vorschriften heißt es aber, dass hierzu keine Schreib- und Zeichenkreide zählt, die zu Position »9609« gehört.
2. Wenn Sie Levis-501-Jeans einführen wollen, müssen Sie sie, weil sie gewebt sind, in Kapitel 62 einreihen. Nun müssen Sie aber entscheiden, ob es sich um lange Hosen für Männer und Knaben oder um lange Hosen für Frauen und Mädchen handelt. Bei den Levis-501-Jeans, die Sie einführen wollen, gibt es aber nur einen Schnitt, sie werden also sowohl von Männern als auch von Frauen getragen. Trotzdem müssen Sie entscheiden! Die einführenden Vorschriften besagen, dass Bekleidung, die vorne einen Verschluss links über rechts aufweist, als Männerkleidung und Kleidung mit einem Verschluss rechts über links als Frauenkleidung einzureihen ist. Da diese Jeans nur einen Unisex-Schnitt hat (andere nicht), sind sie als Männerkleidung einzureihen. Was aber ist, wenn es gar keinen Verschluss gibt? Ganz einfach: Kann Kleidung nicht genau zugeordnet werden, gilt sie – und auch das besagen die einführenden Vorschriften – als Frauen- und Mädchenkleidung.
3. Da es manchmal juristische Auseinandersetzungen bis zur höchsten Instanz gab und gibt, werden Entscheidungen des Europäischen Finanzhofs in das Harmonisierte System eingearbeitet. Der Auseinandersetzung, ob das bekannte »Überraschungsei« ein Spielzeug oder ein Lebensmittel – Schokolade – ist, haben wir z. B. zu verdanken, dass eine exakte Beschreibung im »Schokoladenkapitel« zu finden ist.

Also: Ein Blick in die einführenden Vorschriften lohnt sich und hilft manchmal weiter.

Sie haben die folgenden Möglichkeiten, die Warennummer und den Zollsatz (und weitere Angaben) festzustellen:

- den elektronischen Zolltarif (EZT), der kostenlos auf der Webseite des Zolls einsehbar ist (zoll. de, Datenbanken)[16]
- den Zolltarif der EG (TARIC), der ebenfalls über die Webseite des Zolls oder über die der EU[17] einsehbar ist,
- eigene auf dem Rechner installierte Software wie z. B. Tarife32 des Verlags Bundesanzeiger,
- Druckversionen des Tarifs, die von einigen Verlagen nach wie vor angeboten werden.

16 Siehe http://auskunft.ezt-online.de/ezto/Welcome.do;jsessionid=mVDnJnlWNhMHn1Ws3pP3N7qkSz10NRTVkPF3s2Gn6hD2kWy26r1B!1818313780.

17 Siehe http://ec.europa.eu/taxation_customs/dds2/taric/taric_consultation.jsp?Lang=de.

Alle Varianten haben bei der praktischen Anwendung Vor- und Nachteile. So ist der elektronische Zolltarif etwas umständlich in der Handhabung. Mit dem TARIC lässt es sich schneller arbeiten, dafür fehlt ihm die elfte Stelle der Warennummer, die eine rein deutsche Ziffer ist (meist 0). Außerdem werden im TARIC der Einfuhrumsatzsteuersatz und eventuelle Verbrauchsteuern nicht angegeben. Der elektronische Zolltarif und TARIC sind kostenlos. Für auf dem eigenen Rechner installierte – und damit gekaufte – Tarife spricht, dass sie die umfangreichsten Informationen bieten (in der Regel ergänzt durch Erläuterungen und Bildmaterial), man schneller mit ihnen zurechtkommt als mit dem elektronischen Zolltarif und man nicht über das Internet (Geschwindigkeit) gehen muss – aber für Aktuelles einen direkten Zugriff hat. Dafür kostet das Programm Geld und man muss es ständig selbst updaten. Die Entscheidung, welches System man verwendet, muss jeder selbst treffen.

Teil A: Einfache Einreihung

Im Folgenden wird *beispielhaft* anhand eines **Imports von elektrischen Küchenmaschinen aus Japan** die Einreihung mit dem elektronischen Zolltarif durchgespielt. Dabei kann nicht jeder einzelne Schritt dargestellt werden. Die wichtigsten Schritte werden gezeigt, weniger wichtige nur beschrieben. Leider lässt es sich nicht vermeiden, dass bei der Darstellung einer kompletten Webseite manches kaum mehr lesbar ist – das wird dann ggf. beschrieben, ansonsten wird mit Ausschnitten gearbeitet.

Sie beginnen auf der Startseite von zoll.de, wo Sie am linken Rand einen Link zum elektronischen Zolltarif finden:

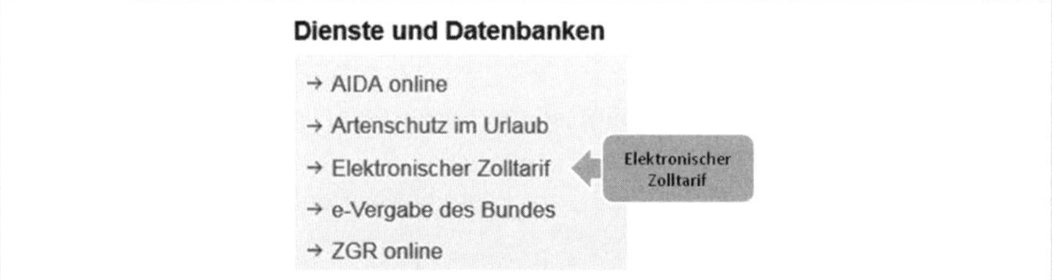

Abb. 16: Dienste und Datenbanken auf zoll.de mit einem Link zum elektronischen Zolltarif

Wenn Sie auf den Link »Elektronischer Zolltarif« klicken, öffnet sich der Tarif:

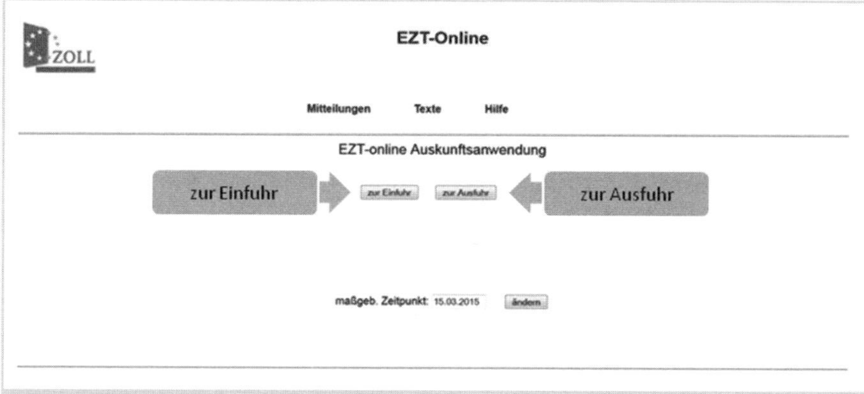

Abb. 17: Startseite des elektronischen Zolltarifs

Auch wenn man nicht alles lesen kann: Unter der EZT-Online-Auskunftsanwendung befinden sich zwei Buttons: »zur Einfuhr« und »zur Ausfuhr«. Den letztgenannten Button nutzen Sie, wenn Sie Warennummern für Exporte (siehe Kapitel 3) suchen. Für unser Beispiel gehen Sie »zur Einfuhr« und gelangen auf die folgende Seite (bei der Sie sich von der unteren Bildschirmhälfte nicht irritieren lassen sollten):

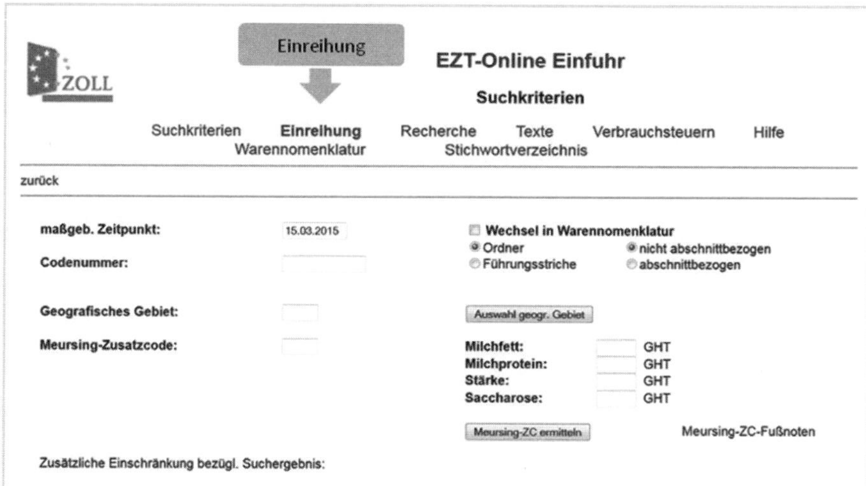

Abb. 18: Einfuhrseite des elektronischen Zolltarifs

Zunächst öffnet sich das Bild nur mit einer Reihe von Links unter dem Wort »Suchkriterien«. In der Abbildung, die Sie sehen, wurde schon auf den Link »Einreihung« geklickt. Das hat die beiden Links »Warennomenklatur« und »Stichwortverzeichnis« geöffnet. Letzteres kann Ihnen eine Hilfe sein, es kann Sie aber auch auf eine falsche Fährte locken. Wir gehen systematisch nach der Warennomenklatur vor. Wenn Sie auf diesen Link klicken, öffnet sich das komplette Warenverzeichnis (siehe Kapitel 1.3). Wenn Sie die Überschriften der Abschnitte (I-XXI) lesen, werden Sie feststellen, dass unsere Maschine zu Abschnitt XVI gehört, der in die Kapitel 84 und 85 unterteilt ist.

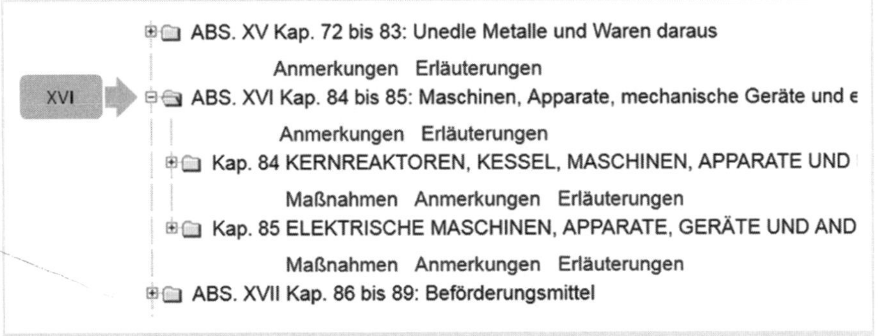

Abb. 19: Warennomenklatur mit geöffnetem Abschnitt XVI und den Kapiteln 84 und 85

Anhand dieser Darstellung sehen Sie, dass der Abschnitt XV noch nicht geöffnet ist (»+« vor dem Ordnersymbol), während der Abschnitt XVI bereits durch einen Klick auf das Pluszeichen geöffnet wurde (das daraufhin zu einem »-« geworden ist), wodurch die Kapitel 84 und 85 erschienen sind.

Die Küchenmaschine, die Sie einführen wollen, hat einen Elektromotor; folglich gilt Kapitel 85. Dort finden Sie sie unter Position 8509:

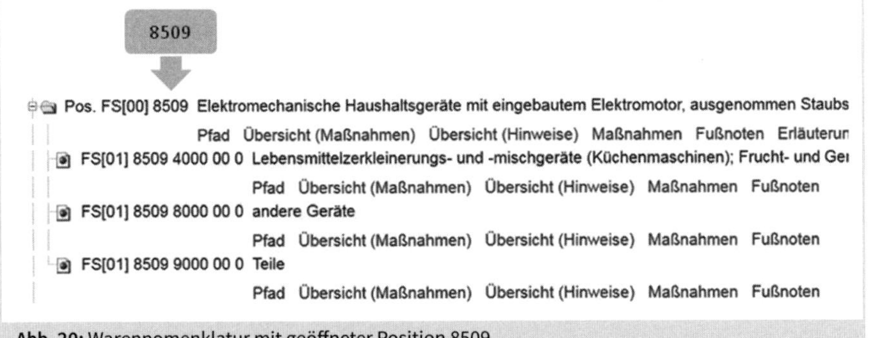

Abb. 20: Warennomenklatur mit geöffneter Position 8509

Unter der Position 8509 finden Sie drei Warennummern. Der Punkt vor den Nummern signalisiert, dass wir zu Ende tarifiert bzw. eingereiht haben. Die elektrische Küchenmaschine hat also die Warennummer 8509 4000 00 0. In unserem Beispiel war sie relativ einfach zu finden. Die Suche nach der Warennummer kann aber bei manchen Waren auch sehr aufwendig und mit dem Öffnen vieler Ordner verbunden sein.

Wenn Sie jetzt auf den Link »Übersicht (Maßnahmen)« unter der Warennummer klicken, erhalten Sie den zugehörigen Zollsatz. Der erstgenannte Zollsatz ist immer der Drittlandszollsatz, also der höchstmögliche. In unserem Fall sind das 2,2 Prozent. Darunter werden andere Zollsätze genannt. In unserem Beispiel immer »frei«; in der letzten Spalte erscheint dann der Hinweis »Präferenzpapier«. Das bedeutet, dass bei der Einfuhrabfertigung eine Warenverkehrsbescheinigung EUR.1, A.TR usw. vorliegen muss (siehe Kapitel 3.3). Außerdem finden Sie oben noch einmal die Warennummer, die Warenbeschreibung und den Einfuhrumsatzsteuersatz in Höhe von 19 Prozent.

Historie	ZC	Gebiets-code	MN-Schl.	Maßnahmeart	Maßnahmen	Beginn	Ende	Ordnungs.Nr.	Weitere Informationen
Historie	-	1011	103	Drittlandszollsatz	2,2	01.01.2005	-	-	-
Historie	-	AD	106	In der Zollunion anwendbarer Zollsatz	frei	01.01.2006	-	-	Präferenzpapier
Historie	-	SM	106	In der Zollunion anwendbarer Zollsatz	frei	01.01.2006	-	-	Präferenzpapier
Historie	-	TR	106	In der Zollunion anwendbarer Zollsatz	frei	01.01.2006	-	-	Präferenzpapier
Historie	-	1007	142	Zollpräferenz	frei	01.01.2007	-	-	Bedingungen Fußnoten Präferenzpapier

Abb. 21: Übersicht über die Maßnahmen im elektronischen Zolltarif

Sie können aber auch gleich zu Beginn im Feld »geografisches Gebiet« »JP« für Japan eingeben, dann wird nur der für Japan bestimmte Zollsatz angegeben.

In einem zweiten **Beispiel** führen Sie **Herrenhalbschuhe** aus Leder mit einer Lederlaufsohle aus Vietnam ein. Diesmal nutzen Sie den ebenfalls kostenfreien Zolltarif **TARIC** der Europäischen Union. Den TARIC erreichen Sie über die Webseite der Europäischen Union (europa.eu) oder über die Webseite des deutschen Zolls (zoll.de). Dort geben Sie am einfachsten in die Suchmaske oben rechts das Wort »TARIC Auskunftsanwendung« ein; oder Sie nutzen http://ec.europa.eu/taxation_customs/dds2/taric/taric_consultation.jsp?Lang=de.

Dass Sie nun mehr Schritte als im ersten Beispiel abarbeiten müssen, hat nichts mit dem Tarif zu tun, sondern mit der Ware, deren Einreihung mehr Schritte erfordert. Wir beginnen mit der Startseite, auf der links nach der Warennummer gefragt wird (die Sie ja noch suchen) und rechts nach dem Ursprungsland. Neben dem Wort »Warennummer« steht das Wort »Blättern«. Hierauf sollten Sie klicken.

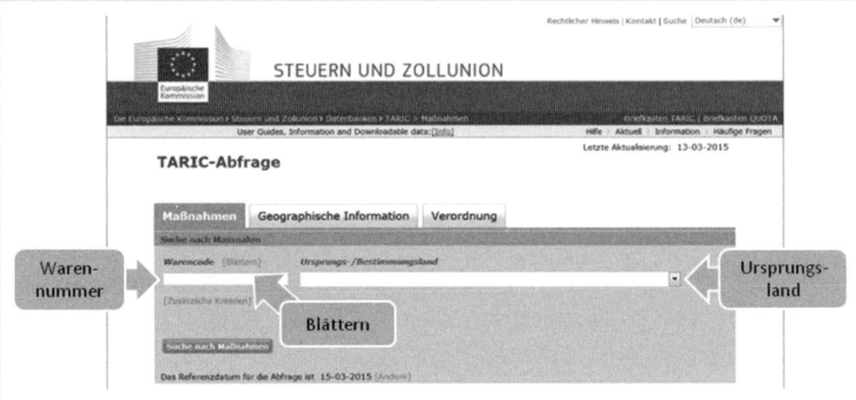

Abb. 22: Startseite des TARIC-Programms

Es öffnet sich wieder das Ihnen schon bekannte Inhaltsverzeichnis mit seinen XXI Abschnitten. In Abschnitt XII werden gleich zu Beginn Schuhe genannt. Wenn Sie auf diesen Abschnitt klicken, werden die Kapitel 64 bis 66 geöffnet:

ABSCHNITT XII	**SCHUHE, KOPFBEDECKUNGEN, REGEN- UND REITPEITSCHEN UND TEILE DAVON; ZUGERI BLUMEN; WAREN AUS MENSCHENHAAREN**
KAPITEL 64	**SCHUHE, GAMASCHEN UND ÄHNLICHE WAREN;**
KAPITEL 65	**KOPFBEDECKUNGEN UND TEILE DAVON**
KAPITEL 66	**REGENSCHIRME, SONNENSCHIRME, GEHSTÖC DAVON**
KAPITEL 67	**ZUGERICHTETE FEDERN UND DAUNEN UND W WAREN AUS MENSCHENHAAREN**

Abb. 23: Warennomenklatur des TARIC mit geöffnetem Abschnitt XII und den Kapiteln 64-66

In Kapitel 64 stehen Schuhe verschiedener Art. Sie müssen jetzt darauf achten, dass die Beschreibung Obermaterial Leder passt; das ist bei Position 6403 der Fall:

KAPITEL 64	**SCHUHE, GAMASCHEN UND ÄHNLICHE WAREN; TEILE DAVON**
6401	**Wasserdichte Schuhe mit Laufsohlen und Oberteil aus Kautschuk oder Kunststoff, bei denen weder das Oberteil mit der Laufsohle noch das Oberteil selbst durch Nähen, Nieten, Nageln, Schrauben, Stecken oder ähnliche Verfahren zusammengefügt ist** (TN701)
6402	**Andere Schuhe mit Laufsohlen und Oberteil aus Kautschuk oder Kunststoff** (TN701)
6403 → **6403**	**Schuhe mit Laufsohlen aus Kautschuk, Kunststoff, Leder oder rekonstituiertem Leder und Oberteil aus Leder** (TN701)
6404	**Schuhe mit Laufsohlen aus Kautschuk, Kunststoff, Leder oder rekonstituiertem Leder und Oberteil aus Spinnstoffen** (TN701)

Abb. 24: Warennomenklatur des TARIC mit geöffnetem Kapitel 64 und den Positionen 6401-6404

Innerhalb der Position wird nun nach verschiedenen Obermaterialien und Laufsohlen gefragt und auch danach, ob der Schuh den Knöchel bedeckt (Stiefel) oder nicht. Da Herrenhalbschuhe den Knöchel nicht bedecken, fallen die Schuhe unseres Beispiels unter die Unterposition »andere« 6403 59.

Nun wird im Tarif wieder nach Sohlen gefragt, und danach, ob es sich um Sandalen (Riemen!), Pantoffeln oder andere Schuhe handelt. Da es in unserem Beispiel wieder andere Schuhe sind, wird nach der Länge gefragt (mehr als 24 cm, da Herrenschuhe) und dann noch mal nach Männer oder Frauen. Wenn Sie dann die Nummer 6403 5995 gefunden haben, haben Sie das Ende erreicht. Da die Warennummer bei der Einfuhr elfstellig ist, müssen Sie sie durch 000 ergänzen.

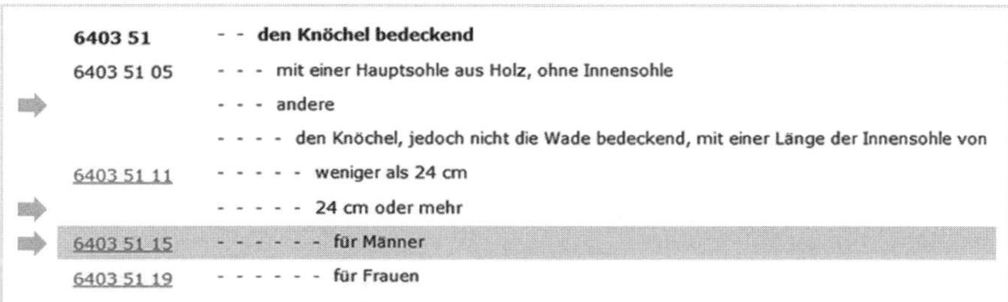

Abb. 25: Warennomenklatur des TARIC – Detailsuchen in Position 6403

Nun sind Sie wieder in der Anfangsmaske und müssen das Land Vietnam eingeben. Daraufhin werden Ihnen die Zollsätze angezeigt. Das Endergebnis können Sie in Abb. 26 sehen:

Abb. 26: Darstellung der Zollsätze im TARIC

Was wird hier angegeben? Zunächst sehen Sie drei Mal das Wort »Einfuhrkontrolle«. CITES bezieht sich auf das Washingtoner Artenschutzabkommen. Es kann also kontrolliert werden, ob das Leder, aus dem die Schuhe gefertigt sind, von einer geschützten Tierart stammt (z. B. Krokodilleder), aber auch Hunde-, Katzen- und Robbenfelle dürfen nicht problemlos verwendet werden.

Danach kommen die Zollsätze. Der **Drittlandszollsatz** beträgt **8 Prozent.** Da Herrenschuhe in der Regel nicht in Flugzeuge eingebaut werden, kommt der Zollsatz von 0 Prozent nicht infrage. Aber es gibt auch eine **Zollpräferenz** (APS = Allgemeines Präferenzsystem für Entwicklungsländer) mit **4,5 Prozent.** Voraussetzung ist, dass die Ware von einem **Formblatt A** begleitet wird (siehe hierzu die Hinweise in den Kapiteln 2.1 und 3.3). Ein Formular in DIN-A-4-Größe kann also Ihre Einfuhrabgaben um 3,5 Prozent verringern! Unter diesem Zollsatz ist noch der kleine Vermerk »Ausgenommen: China (CN)« zu sehen. Er bedeutet schlicht, dass Sie nicht in China produzieren und über Vietnam verschiffen können, um einen günstigeren Zollsatz zu erreichen.

Hier noch einige Hinweise aus den »Allgemeinen Vorschriften zur Tarifierung« (im Zitat nur die drei wichtigsten).

> ***Allgemeine Vorschriften zur Tarifierung***
> ***AV 1:***
> *Die Überschriften der Abschnitte, Kapitel und Teilkapitel sind nur Hinweise. Maßgebend für die Einreihung sind der Wortlaut der Positionen und der Anmerkungen zu den Abschnitten oder Kapiteln und – soweit in den Positionen oder in den Anmerkungen zu den Abschnitten oder Kapiteln nichts anderes bestimmt ist – die nachstehenden Allgemeinen Vorschriften.*
>
> ***AV 2:***
> *a) Jede Anführung einer Ware in einer Position gilt auch für die unvollständige oder unfertige Ware, wenn sie im vorliegenden Zustand die wesentlichen Beschaffenheitsmerkmale der vollständigen oder fertigen Ware hat. Sie gilt auch für eine vollständige oder fertige oder nach den vorstehenden Bestimmungen dieser Allgemeinen Vorschrift als solche geltende Ware, wenn diese zerlegt oder noch nicht zusammengesetzt gestellt wird.*
> *b) Jede Anführung eines Stoffes in einer Position gilt für diesen Stoff sowohl in reinem Zustand als auch gemischt oder in Verbindung mit anderen Stoffen. Jede Anführung von Waren aus einem bestimmten Stoff gilt für Waren, die ganz oder teilweise aus diesem Stoff bestehen. Solche Mischungen oder aus mehr als einem Stoff bestehenden Waren werden nach den Grundsätzen der Allgemeinen Vorschrift 3 eingereiht.*

AV 3:

Kommen für die Einreihung von Waren bei Anwendung der Allgemeinen Vorschrift 2 b oder in irgendeinem anderen Fall zwei oder mehr Positionen in Betracht, so wird wie folgt verfahren:

a) Die Position mit der genaueren Warenbezeichnung geht den Positionen mit allgemeinen Warenbezeichnungen vor. Zwei oder mehr Positionen, von denen sich jede nur auf einen Teil der in einer gemischten oder zusammengesetzten Ware enthaltenen Stoffe oder nur auf einen oder mehrere Bestandteile einer für den Einzelverkauf aufgemachten Warenzusammenstellung bezieht, werden im Hinblick auf diese Waren als gleich genau betrachtet, selbst wenn eine von ihnen eine genauere oder vollständigere Warenbezeichnung enthält.

b) Mischungen, Waren die aus verschiedenen Stoffen oder Bestandteilen bestehen und für den Einzelverkauf aufgemachte Warenzusammenstellungen, die nach der Allgemeinen Vorschrift 3a nicht eingereiht werden können, werden nach dem Stoff oder Bestandteil eingereiht, der ihnen ihren wesentlichen Charakter verleiht, wenn dieser Stoff oder Bestandteil ermittelt werden kann.

c) Ist die Einreihung nach den Allgemeinen Vorschriften 3a und 3b nicht möglich, wird die Ware der von den gleichermaßen in Betracht kommenden Positionen in dieser Nomenklatur zuletzt genannten Position zugewiesen.

Wichtig ist vor allem die dritte Vorschrift:

- Die genauere Warenbezeichnung geht vor eine allgemeine Warenbezeichnung,
- bei Mischungen und Zusammensetzungen wird nach dem charakterbestimmenden Anteil bestimmt (z. B. bei 70 Prozent Baumwolle und 30 Prozent Kunstfaser eben nach Baumwolle),
- ist auch dies nicht möglich (50 Prozent zu 50 Prozent) wird, die zuletzt genannte Warennummer genommen.

Beispiel: Stereoanlage aus Malaysia (Fortsetzung)

Für unser Beispiel zur Einfuhr einer Stereokompaktanlage aus Malaysia (siehe Kapitel 4.2.1) ergibt sich die folgende Warennummer, wenn man davon ausgeht, dass eine Kompaktanlage natürlich ein Radiogerät und andere Abspielgeräte beinhaltet:

	- **Rundfunkempfangsgeräte, die ohne externe Energiequelle betrieben werde**
	- **Rundfunkempfangsgeräte von der in Kraftfahrzeugen verwendeten Art, die betrieben werden können**
	- **andere**
8527 91	- - **kombiniert mit Tonaufnahme- oder Tonwiedergabegeräten**
	- - - mit einem oder mehreren Lautsprechern in einem gemeinsamen Gehäuse
8527 91 11	- - - - Kassettengeräte mit analogem und digitalem Abnehmersystem
8527 91 19	- - - - andere

Also die Warennummer 8527 9111 000.

Sie haben nun einen kleinen Einblick in das Einreihen erhalten und Anleitungen, wie man vorgehen muss. **In der Praxis bedarf es aber viel Übung!**

Teil B: Einreihung mit Zusatzcodes

- Für eine Reihe von Waren muss die Warennummer bei der Einfuhr um einen vierstelligen Zusatzcode ergänzt werden, der dann zwischen der zehnten Stelle (EG-Warennummer) und der elften Stelle (deutsche Nummer) einzufügen ist. Daraus ergibt sich also eine 15-stellige Warennummer. Einen Zusatzcode gibt es nach dem Gemeinschaftstarif
- für Waren aus dem landwirtschaftlichen Bereich (Marktordnungswaren), die Anteile von Milch (Milchfett, Milchproteine), Zucker (Glukose) und Stärke (Mehl usw.) enthalten (Anhang ZC 7), und
- für Waren, für die ein Antidumpingzoll erhoben wird (Anhang ZC 8).
- Nach deutschem Recht müssen Waren, die einer Verbrauchsteuer unterliegen, ebenfalls mit einem Zusatzcode versehen werden.
- Theoretisch wäre sogar eine 19-stellige Warennummer denkbar, wenn z. B. eine Ware aus dem landwirtschaftlichen Bereich auch einer Verbrauchsteuer unterliegt.
- Für alle drei Zusatzcodes wird im Folgenden jeweils ein Beispiel dargestellt. Sollten Sie keine derartigen Waren einführen, können Sie die Seiten bis zum Ende des Kapitels getrost überspringen.

Fall 1: Agrarzölle

- Sie führen Doppelkekse mit Füllung aus Armenien ein, z. B. Prinzenrolle.

1905 20	- **Leb- und Honigkuchen und ähnliche Waren**
	- **Kekse und ähnliches Kleingebäck, gesüßt; Waffeln**
1905 31	- - **Kekse und ähnliches Kleingebäck, gesüßt**
	- - - ganz oder teilweise mit Schokolade oder kakaohaltigen Überz
	- - - andere
1905 31 30	- - - - mit einem Gehalt an Milchfett von 8 GHT oder mehr
	- - - - andere
1905 31 91	- - - - - Doppelkekse mit Füllung
1905 31 99	- - - - - andere

- Anhand des TARIC-Ausschnitts können Sie erkennen, dass die Kekse, die Sie einführen, in Kapitel 19 unter die Position 1905 – Backwaren – fallen. Sie können auch schon erkennen, dass wir einen Milchfettgehalt von weniger als 8 Prozent (GHT – Gewichtshundertteile) angenommen haben.
- Wenn Sie nun das Ursprungsland Armenien (oder ein anderes Ursprungsland) eingeben, öffnet sich das folgende Fenster:

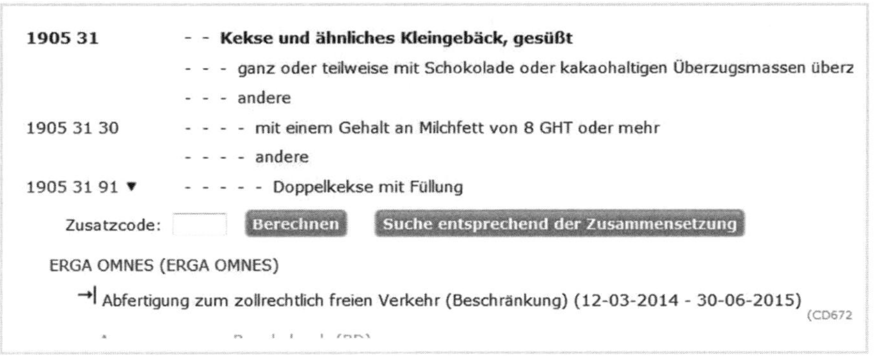

- Unter der Warennummer sehen Sie das Feld »Zusatzcode«. Sie können nun entweder den Code direkt eingeben (für den Fall, dass Sie ihn schon kennen) oder auf den Button »Suche entsprechend der Zusammensetzung« klicken. Sie klicken auf den Button und entnehmen der Rezeptur, dass die Ware 72 Prozent Stärke (Mehl), 18 Prozent Zucker und in der Creme 1,2 Prozent Milchfett und 5 Prozent Milchproteine enthält. Diese Werte müssen Sie nun in die neue Maske eintragen, wobei Sie immer nur Prozentspannen auswählen können:

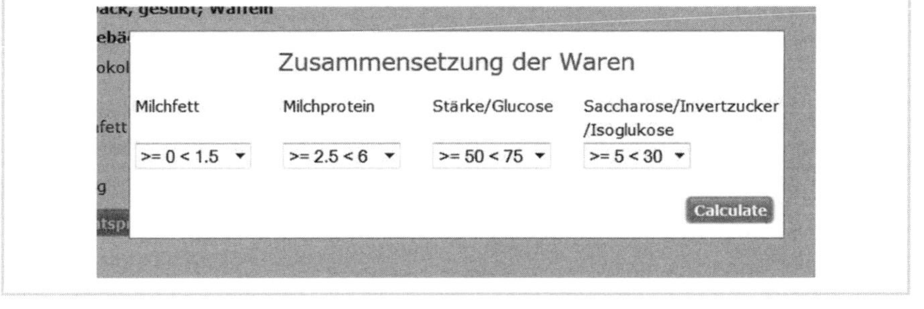

- Klicken Sie nach der Auswahl auf den Button »Calculate«, erhalten Sie sowohl den Zusatzcode als auch den entsprechenden Zollsatz, der hier im Buch allerdings erst in Kapitel 4.2.4 ausführlich behandelt wird. Hier also das Ergebnis:

- Leider ist nicht erkennbar, dass Sie dem ausgegebenen Zusatzcode »036« eine »7« voranstellen müssen, weil es sich um Anhang ZC 7 handelt. Die komplette Warennummer in Deutschland lautet also: 19053191 00 7036 0. Bei jedem Festabstand innerhalb der Warennummer wechseln Sie in ein neues Eingabefeld – sowohl auf dem Einheitspapier als auch in der Bildschirmmaske.

Fall 2: Antidumpingzölle

- Sie führen Fahrräder aus China ein. Ihnen liegen die Angebote von drei Lieferanten vor, und zwar von der Zhejiang Baoguilai Vehicle Co. Ltd., der Ideal (Dongguan) Bike Co. Ltd. und der Shenzen Bike Co. Ltd. Bevor Sie einen Kaufvertrag abschließen, wollen Sie die Warennummer und den Zollsatz feststellen. Bei der Warennummer kommen Sie zum folgenden Ergebnis:

Pos. FS[00] 8712 Zweiräder und andere Fahrräder (einschließlich Lastendreiräder), ohne Motor
Pfad Übersicht (Maßnahmen) Übersicht (Hinweise) Maßnahmen Fußnoten Erläuterungen
FS[01] 8712 0030 Zweiräder mit Kugellager
Pfad Übersicht (Maßnahmen) Übersicht (Hinweise) Maßnahmen Fußnoten
FS[02] 8712 0030 10 0 Versand aus Indonesien, Malaysia, Sri Lanka oder Tunesien
Pfad Übersicht (Maßnahmen) Übersicht (Hinweise) Maßnahmen Fußnoten
FS[02] 8712 0030 20 0 Versand aus Kambodscha, Pakistan oder den Philippinen
Pfad Übersicht (Maßnahmen) Übersicht (Hinweise) Maßnahmen Fußnoten
FS[02] 8712 0030 90 0 andere
Pfad Übersicht (Maßnahmen) Übersicht (Hinweise) Maßnahmen Fußnoten
FS[01] 8712 0070 andere
Pfad Übersicht (Maßnahmen) Übersicht (Hinweise) Maßnahmen Fußnoten

- Da die Fahrräder direkt aus China kommen und auch Kugellager haben, kommt die letzte Nummer in Betracht. Wenn Sie jetzt auf Maßnahmen klicken, werden Ihnen die Zusatzcodes aufgelistet:

Historie	ZC	Gebiets-code	MN-Schl.	Maßnahmeart	Maßnahmen	Beginn	Ende
Historie	-	1011	103	Drittlandszollsatz	14	09.06.2006	-
Historie	B772	CN	552	Endgültiger Antidumpingzoll; AÜV-Kennzahl 96 (für Einfuhren aus dem betroffenen Land)	Weitere Informationen siehe Bedingungen Zhejiang Baoguilai Vehicle Co. Ltd.	06.06.2013	-
Historie	B773	CN	552	Endgültiger Antidumpingzoll; AÜV-Kennzahl 96 (für Einfuhren aus dem betroffenen Land)	Weitere Informationen siehe Bedingungen Oyama Bicycles (Taicang) Co. Ltd.	06.06.2013	-
Historie	B774	CN	552	Endgültiger Antidumpingzoll; AÜV-Kennzahl 96 (für Einfuhren aus dem betroffenen Land)	Weitere Informationen siehe Bedingungen Ideal (Dongguan) Bike Co., Ltd	06.06.2013	-
Historie	B999	CN	552	Endgültiger Antidumpingzoll; AÜV-Kennzahl 96 (für Einfuhren aus dem betroffenen Land)	48,5 Andere	06.06.2013	-
Historie	-	1011	109	Besondere Maßeinheit	NAR = Anzahl Stück	01.01.2008	-

- Sie sehen, dass bei der Firma Zhejiang der Zusatzcode (ZC) B772, bei der Firma Ideal der Zusatzcode B774 und bei der Firma Shenzen – weil sie nicht namentlich genannt wird – der Code B999 (andere) zu verwenden ist.
- Es kann übrigens durchaus sein, dass in dem Moment, in dem Sie diesen Abschnitt lesen, der Antidumpingzoll für Fahrräder aus China allgemein oder für einzelne Firmen nicht mehr existiert. Gerade bei den Antidopingzöllen gibt es einen häufigen Wechsel. Auch für Herrenhalbschuhe aus Vietnam existierte in der Vergangenheit ein Antidumpingzoll.

Fall 3: Verbrauchsteuern

- Sie führen Zigarren aus Kuba ein. Die Tarifierung ist recht einfach und soll hier nicht dargestellt werden. Sie gelangen zum Warencode 2402 1000 00 0. Wenn Sie – beim elektronischen Zolltarif – auf »Maßnahmen« klicken, erscheint der in der folgenden Abbildung dargestellte Bildschirm. Auf ihm sind unten Einfuhrhinweise vermerkt, die mit dem Hinweis VST-Schlüssel 10 (und einem Hinweis auf das Bundesamt für Wirtschaft und Ausfuhrkontrolle, was zum Thema »Einfuhrgenehmigung« führen kann) versehen sind.

Einfuhrmaßnahmen

Historie	ZC	Gebiets-code	MN-Schl.	Maßnahmeart	Maßnahmen	Beginn	Ende	Ordnungs.Nr.	Weitere Informationen
Historie	-	1011	103	Drittlandszollsatz	26	01.07.2000	-	-	-
Historie	-	1011	109	Besondere Maßeinheit	MIL = 1000 Stück	01.01.2008	-	-	-

Seite 1 von 1

Einfuhrhinweise

Kurzbez.	Schl.	Gebietscode	Langbezeichnung	Fußnoten
VST	10	-	Tabaksteuer	-
BMA	MIL	-	1000 St. (1000 Stück)	-
ZUB	BAFA	-	Bundesamt für Wirtschaft und Ausfuhrkontrolle (BAFA); Frankfurter Str. 29-35, 65760 Eschborn; Telefon: 06196/908-0; Telefax: 06196/90 88 00;	-

- Klicken Sie auf das Wort »Verbrauchsteuern« am oberen Bildschirmrand. Jetzt werden Ihnen alle Verbrauchsteuern angezeigt. Sie wählen Tabak aus. Dort haben Sie die Auswahl zwischen Zigaretten (Code 1005), Zigarren und Zigarillos (Code 1010) und Rauchtabak (Code 1020) und den jeweiligen Steuersätzen. Unsere Zigarren haben also den kompletten Warencode 24021000 00 1010 0.

!

Beispiel: Ein praktischer Fall (Fortsetzung)

Unsere Bohrmaschinen aus den Angeboten aus Kapitel 2.4 haben übrigens die Warennummer 8459 2900 00 0.
Einreihungsübungen finden Sie am Ende des Kapitels 4.2.3.

!

Auf den Punkt gebracht

- Jede Ware ist in den Zolltarif mit 21 Abschnitten und 99 Kapiteln einzureihen. Dieser Warenkatalog wird weltweit mindestens bis zur vierten Stelle (Position) angewendet.
- Gehen Sie beim Einreihen sorgfältig durch genaues Lesen der Überschriften vor! Oberflächliches Lesen spart zwar Zeit, kann aber zu einer falschen Warennummer und damit eventuell zu einem falschen Zollsatz führen (Steuerhinterziehung!).
- Nur Übung macht hier den Meister.
- In Zweifelsfällen kann eine verbindliche Tarifauskunft von den Zollbehörden verlangt werden.

Eine kleine Geschichte zur Verdeutlichung: Es werden immer mehr EDV-Geräte aus Fernost eingeführt. Will man sie einreihen, kommt man zum Abschnitt XVI mit den Kapiteln 84 und 85. Wenn man dann sieht, dass in Kapitel 84 Dampfkessel, Maschinen, Apparate usw. als Inhalt angegeben werden und in Kapitel 85 elektronische und elektrotechnische Geräte, sucht man ein Laptop oder Tablet sicher in Kapitel 85. Irrtum!
Da das Harmonisierte System ein System ist, das alle Waren enthält, auch solche, die noch nicht erfunden wurden, basiert es auf der folgenden Logik: Welchen Begriff gibt es für Computer auf Deutsch? Rechner! Die ersten Rechenmaschinen waren aber rein mechanisch, vom Abakus über die »Walther« usw. Deshalb sind Computer wie Rechenmaschinen in Kapitel 84 zu finden.

4.2.3 Zollsätze

Einer Warennummer können verschiedenartige Zollsätze zugeordnet werden. Meist werden **Wertzölle** angegeben, es gibt aber auch **Gewichtszölle** bei **Marktordnungswaren** (Agrarprodukten) und Stückzölle. Bei manchen Waren ist neben dem üblichen Zollsatz alternativ auch ein Mindest- oder Höchstzollsatz zu beachten.

Die folgenden Begriffe sollten Sie kennen:

- Drittlandszollsatz: der höchste in Betracht kommende Zollsatz.
- Präferenzzollsatz: ein günstigerer, bevorzugter Zollsatz für assoziierte Staaten oder Entwicklungsländer.
- Zollaussetzung: für manche Waren wird der Zoll vorübergehend ausgesetzt, kann aber wieder eingeführt werden.
- Zollkontingent: für bestimmte Waren werden ermäßigte Zollsätze für begrenzte Mengen (nach Wert, Stückzahl usw.) gewährt, wobei es zwei verschiedene Arten von Kontingentverfahren gibt:

- Bei **Lizenzkontingenten** werden auf Antrag bei bestimmten landwirtschaftlichen Erzeugnissen dem Einführer auf dessen Namen lautende zeit- und mengenmäßig beschränkte Kontingentscheine ausgestellt.
- Das **Windhundverfahren** ist **jedem** Antragsteller zugänglich. Die ermäßigten Zollsätze werden Antragstellern so lange gewährt, bis das Kontingent erschöpft ist. Die Anträge werden in der Reihenfolge ihres Wirksamwerdens behandelt. Die Überwachung erfolgt zentral bei der OFD Düsseldorf (Zentralstelle Zollkontingente). Ob ein Windhundverfahren besteht, ist wiederum dem Zolltarif zu entnehmen (EZT: automatische Meldung). Auch hier ist zu prüfen, ob das Kontingent noch offen ist. Auf der Webseite der EU wird unter QUOTA[18] täglich aktualisiert, ob ein Kontingent noch offen ist (siehe das folgende Beispiel für Trockenfisch aus Chile, bei dem von einem Kontingent von 40.000 kg bereits 3.792 kg eingeführt wurden). Falls das Kontingent nicht mehr offen ist, wird der übliche Zollsatz erhoben. Sie können auch zukünftige Kontingente abfragen.

Beispiel: Windhundverfahren !

STEUERN UND ZOLLUNION

Europäische Kommission

Die Europäische Kommission > Steuern und Zollunion > Datenbanken > TARIC > Einzelheiten Zollkontin

User Guides, Information and Downloadable data:[Info]

Einzelheiten Zollkontingente

Laufende Nummer	091935
Gültigkeitszeitraum	01-01-2015 - 31-12-2015
Ursprünge:	Chile
Ausgangsmenge	40000 Kilogramm
Restmenge	36208 Kilogramm
Erschöpfungsdatum	
Kritisch	Nein
Letztes Einfuhrdatum	05-03-2015
Datum der letzten Zuteilung	09-03-2015
Total awaiting allocation	0
Zeitraum der Sperrung	
Aussetzungszeitraum	
Zugehörige(r) Taric Code(s)	0305391000 0305410000

Top

18 Siehe http://ec.europa.eu/taxation_customs/dds2/taric/quota_consultation.jsp?Lang=en.

- Agrarteilbeträge: Agrarteilbeträge werden im Tarif durch den Vermerk »EA« gekennzeichnet. Oft sind Agrarteilbeträge Zusammensetzungen aus mehreren Abgabenarten wie Zusatzzölle für Mehl, Milch und Zucker in Backwaren. Die Höhe der Agrarteilbeträge finden Sie in Anhang ZC 7 des Zolltarifs. In der Regel werden EUR je 100 kg erhoben, abhängig vom Gehalt der in den Waren enthaltenen Stoffen, z. B. 5 GHT (%) Glukose, 40 GHT Stärke, 20 GHT Milchprotein usw. Der elektronische Zolltarif fragt automatisch die Zusammensetzung ab und ermittelt den zu entrichtenden Eurobetrag.

!

Beispiel: Agrarteilbeträge

- Für unser Beispiel zu den Doppelkeksen mit Füllung aus Armenien in Kapitel 4.2.2 und dem Zusatzcode »7036« ergeben sich die folgenden Einfuhrzölle (diesmal aus dem TARIC):

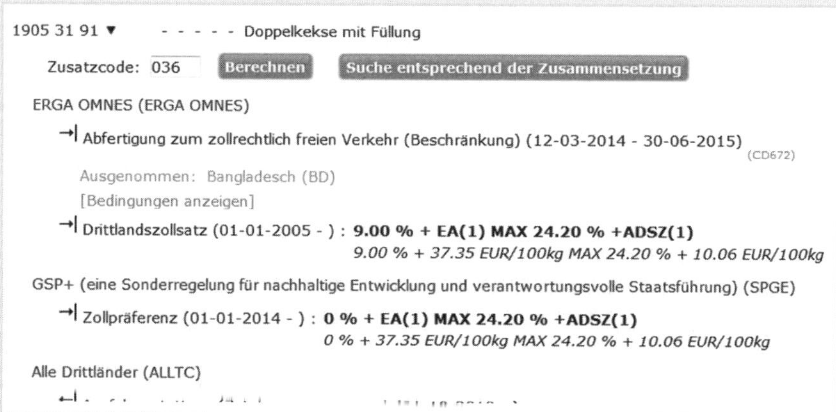
1905 31 91 ▼ - - - - - Doppelkekse mit Füllung

Zusatzcode: 036 Berechnen Suche entsprechend der Zusammensetzung

ERGA OMNES (ERGA OMNES)

→| Abfertigung zum zollrechtlich freien Verkehr (Beschränkung) (12-03-2014 - 30-06-2015) (CD672)

Ausgenommen: Bangladesch (BD)

[Bedingungen anzeigen]

→| Drittlandszollsatz (01-01-2005 -) : **9.00 % + EA(1) MAX 24.20 % +ADSZ(1)**
9.00 % + 37.35 EUR/100kg MAX 24.20 % + 10.06 EUR/100kg

GSP+ (eine Sonderregelung für nachhaltige Entwicklung und verantwortungsvolle Staatsführung) (SPGE)

→| Zollpräferenz (01-01-2014 -) : **0 % + EA(1) MAX 24.20 % +ADSZ(1)**
0 % + 37.35 EUR/100kg MAX 24.20 % + 10.06 EUR/100kg

Alle Drittländer (ALLTC)

- Da Armenien ein Entwicklungsland ist, wird bei Vorlage des Formblatts A der untere Zollsatz (0 Prozent plus EA), maximal aber ein Zollsatz von 24,2 Prozent plus Zusatzzoll Zucker erhoben. Wie hoch EA oder der Zusatzzoll Zucker ist, ergibt sich aus der Rezeptur und dem gefundenen Zusatzcode »7036«. Hier: EA = 37,35 EUR je 100 kg. Dieser Gewichtszoll darf aber nicht höher sein als die Summe eines Wertzolls von 24,2 Prozent zuzüglich des Zuckerzolls in Höhe von 10,06 EUR je 100 kg. Sie müssen also alternative Einfuhrabgabenrechnungen durchführen, was ganz schön kompliziert ist.

- Antidumpingzölle: Auf manche – durchaus alltägliche – Waren wird neben dem üblichen Zoll ein zusätzlicher Antidumpingzoll erhoben. Er kann nach dem Ursprungsland und sogar nach einzelnen Herstellern variieren.

!

Beispiel: Antidumpingzölle

Dazu führen wir als Beispiel die Einfuhr von Fahrrädern aus China fort: Sie sehen (siehe die folgende Abbildung) zunächst den üblichen Einfuhrzollsatz von 14 Prozent. Es folgen drei namentlich genannte Hersteller mit Zusatzcodes (immer mit »B« beginnend) zur Warennummer und unterschiedlichen Antidumpingzollsätzen (die erst erscheinen, wenn sie angeklickt werden). So ergibt sich beim Hersteller Zhejiang ein Antidumpingzoll von 19,2 Prozent, bei Ideal ein Antidopingzoll von 0 Prozent. Bei allen nicht namentlich genannten Herstellern lautet der Zusatzcode »8999«. Bei ihnen ist ein Antidumpingzoll von 48,5 Prozent zu zahlen. Also werden Fahrräder von Zhejiang mit 33,2 Prozent, Fahrräder von Ideal mit 14 Prozent und Fahrräder von Shenzen mit 62,5 Prozent Zoll belastet.

KAPITEL 87 ZUGMASCHINEN, KRAFTWAGEN, KRAFTRÄDER, FAHRR LANDFAHRZEUGE, TEILE DAVON UND ZUBEHÖR

8712	**Zweiräder und andere Fahrräder (einschließlich Last**
8712 00 30	- Zweiräder mit Kugellager
8712 00 30 10	- - Versand aus Indonesien, Malaysia, Sri Lanka oder Tur
8712 00 30 20	- - Versand aus Kambodscha, Pakistan oder den Philippir
8712 00 30 90 ▼	- - andere

ERGA OMNES (ERGA OMNES)

→| Drittlandszollsatz (09-06-2006 -) : **14.00 %**

China (CN)

→| Endgültiger Antidumpingzoll (06-06-2013 -) (CD659)

Zusatzcode B772: Zhejiang Baoguilai Vehicle Co. Ltd.

[Bedingungen anzeigen]

→| Endgültiger Antidumpingzoll (06-06-2013 -) (CD659)

Zusatzcode B773: Oyama Bicycles (Taicang) Co. Ltd.

[Bedingungen anzeigen]

→| Endgültiger Antidumpingzoll (06-06-2013 -) (CD659)

Zusatzcode B774: Ideal (Dongguan) Bike Co., Ltd

[Bedingungen anzeigen]

→| Endgültiger Antidumpingzoll (06-06-2013 -) : **48.50 %**

Zusatzcode B999: Andere

Dieses Beispiel zeigt deutlich, dass ein Importeur von Fahrrädern schon *vor* dem Abschluss eines Kaufvertrags in den Tarif sehen sollte.

Beispiel: Ein praktischer Fall (Fortsetzung)

!

Hinsichtlich unseres Bohrmaschinenangebots aus Kapitel 2.4 ergibt sich, dass für Brasilien und China ein Zollsatz von 2,7 Prozent und für Indonesien unter Vorlage des Formblatts A ein Zollsatz von 0 Prozent gilt. Alle drei Staaten gelten eigentlich als Entwicklungsländer, aber

hier zeigt sich, dass Vergünstigungen bei Schwellenländern häufig nicht mehr für alle Waren gewährt werden. Manchmal sind die Vergünstigungszollsätze auch unterschiedlich hoch. Die Berechnung der Zölle wird in Kapitel 4.2.5 behandelt.
Die Lösungen für die folgenden Übungen finden Sie in Kapitel 7.3.

! **Übungen: Einreihung/Tarifierung mit Zollsatzermittlung**

Ermitteln Sie die Warennummern und die richtigen Zollsätze. Sollte ein ermäßigter Zollsatz möglich sein: Welches Dokument muss bei der Einfuhr vorliegen?

1. Sie führen 7.350 kg Zucchini aus
   a) Israel zum Preis von 3.780 EUR CPT München, EG-Beförderungskosten 400 EUR, und
   b) Jordanien zum Preis von 3.000 EUR FCA Amman, Frachtkosten bis EG-Grenze 500 EUR, EG-Beförderung ebenfalls 400 EUR

   ein.
2. Sie führen 10.000 Stück Toblerone-Riegel à 300 g aus der Schweiz ein. In den Riegeln sind Nüsse enthalten.
3. Sie führen 40 %igen Rum in 0,7-Liter-Flaschen aus Kuba ein. Der Wert des reinen Alkohols liegt bei 6,50 EUR je Liter.
4. Ihnen liegen zwei Angebote für T-Shirts aus Baumwolle vor, eins aus China und eins aus Bangladesch. Welche Zollsätze gelten unter welchen Voraussetzungen?
5. Sie führen Damenjeans aus Baumwolle aus Bangladesch, China und Indonesien ein.
6. Sie importieren optisch-magnetische externe Speichereinheiten für Computer aus China.
7. Sie führen Pkw mit bis zu sieben Sitzen ein,
   a) aus den USA mit Benzinmotoren mit 2,5 l Hubraum;
   b) aus Südkorea mit 1,9 l Dieselmotoren.

Auch hier wieder: Warennummer, Zollsatz und evtl. benötigte Dokumente.

4.2.4 Die Zollwertermittlung

4.2.4.1 Der Normalfall

Die Berechnung des Zollwerts wurde international nach einheitlichen Kriterien festgelegt – insofern ist die Zollwertberechnung keine »EG-Erfindung«, sondern das Ergebnis einer GATT-Runde (heute: Welthandelsorganisation). Der Zollwert einer Ware ist die Bemessungsgrundlage für die Berechnung von Wertzöllen. Der »**Normalfall**« der Zollwertberechnung ist im Zollkodex wie folgt formuliert[19]:

Art. 70 ZK

(1) Zollwertbestimmungen auf der Grundlage des Transaktionswerts.

(2) Die vorrangige Grundlage für den Zollwert von Waren ist der Transaktionswert, das heißt der für die Waren bei einem Verkauf zur Ausfuhr in das Zollgebiet der

19 Siehe http://ec.europa.eu/taxation_customs/common/consultations/customs/article_848_de.htm.

Union tatsächlich gezahlte oder zu zahlende Preis, der erforderlichenfalls anzupassen ist.
(3) Der tatsächlich gezahlte oder zu zahlende Preis ist die vollständige Zahlung, die der Käufer an den Verkäufer oder der Käufer an einen Dritten zugunsten des Verkäufers für die eingeführten Waren leistet oder zu leisten hat, und schließt alle Zahlungen ein, die als Voraussetzungen für den Verkauf der eingeführten Waren tatsächlich geleistet werden oder zu leisten sind.
(4) Der Transaktionswert ist anwendbar, wenn alle folgenden Voraussetzungen erfüllt sind …

Nun folgen verschiedene Voraussetzungen. Halten wir aber zunächst fest:
- Es muss ein Verkauf zur Ausfuhr in die Gemeinschaft vorliegen.
- Es gilt der gezahlte oder der zu zahlende Preis.
- Dieser Preis muss ggf. nach den Art. 71 und 72 ZK berichtigt werden.

Weitere – im Zitat nicht enthaltene – Bedingungen sind:
- Es dürfen keine Einschränkungen bezüglich der Verwendung und des Gebrauchs der Waren bestehen;
- es dürfen keine zusätzlichen Leistungen erbracht werden, deren Wert nicht bestimmt werden kann, z. B. freier Badeurlaub;
- dem ursprünglichen Verkäufer dürfen keine Erlöse aus späteren Weiterverkäufen Verkäufer zugutekommen;
- Käufer und Verkäufer dürfen nicht miteinander verbunden sein (siehe hierzu Formular D.V.1).

Der Zollwert wird immer an der EG-Grenze (**Verbringungsort**) festgestellt. Das heißt, dass Sie immer von einem Rechnungspreis ausgehen müssen, der in EUR umzurechnen ist. Als Kurs wird immer für einen ganzen Monat der Kurs vom vorletzten Mittwoch des Vormonats genommen. Bei Onlineabfertigungen im ATLAS-System wird der Kurs automatisch eingespielt, ansonsten können Sie ihn der Website des Zolls entnehmen; auf der Homepage gleich links unter »Häufig gesucht« oder mithilfe der Suchfunktion zu finden.

Hierzu addieren Sie alle Kosten, die außerhalb der EG entstanden (und noch **nicht** im Rechnungspreis enthalten) sind und/oder subtrahieren alle Kosten, die innerhalb der EG entstanden und bereits im Rechnungspreis enthalten sind. Hierdurch soll der Zollwert (und damit die entstehenden Zölle) für alle EG-Einführer gleich sein, unabhängig von weiteren innerhalb der EG entstehenden Kosten, z. B. durch den Transport.

Für die Zollwertberechnung gilt also das folgende Schema:

Grundlage:	RECHNUNGSPREIS
Plusfaktoren:	
+	Verkaufsprovisionen und Maklerlöhne
+	Umschließungskosten[20]
+	Verpackungskosten[21]
+	vom Käufer zur Verfügung gestellte Materialien, Werkzeuge usw.
+	Entwürfe usw., soweit sie **außerhalb** der EG erarbeitet wurden
+	Lizenzgebühren (für die zu bewertenden Waren)
+	Erlöse aus späteren Weiterverkäufen (die dem Verkäufer zugutekommen)
+	Beförderungskosten und Versicherungskosten sowie Lade- und Entladekosten bis an den Verbringungsort
Minusfaktoren	
-	Montagekosten usw.[22]
-	Zölle und andere EG-Abgaben[23]
-	Vervielfältigungsrechte
-	Zahlungen für Vertriebs- oder Wiederverkaufsrechte (soweit keine Bedingung des Kaufgeschäfts)
-	Beförderungskosten nach Einfuhr in die EG
=	anzumeldender Zollwert

Welche Kosten im Rechnungspreis enthalten bzw. nicht enthalten sind, ergibt sich aus der Handelsrechnung und der dort ausgewiesenen Lieferbedingung (in der Regel Incoterms®). Einen wesentlichen Teil der Kosten machen insbesondere die Beförderungskosten aus. Eine genaue Kenntnis der Incoterms® 2010 setzen wir im weiteren Verlauf des Buchs voraus.

Es folgt ein sehr vereinfachtes theoretisches Beispiel, bei dem alle verwendeten Kostenfaktoren gleich bleiben, aber verschiedene Incoterms® verwendet werden. In der Praxis würde sich natürlich der Rechnungspreis erhöhen, je mehr Kosten der Verkäufer übernimmt.

20 Umschließungskosten sind für die unmittelbare Verpackung (Folie, Karton usw.). Sie sind meist im Rechnungspreis enthalten.

21 Verpackungskosten fallen z. B. für eine seefeste Kiste, Containermiete usw. an.

22 Montagekosten sind abzugsfähig, wenn die Montage innerhalb der EG erfolgt und wenn sie im Rechnungspreis enthalten und gesondert ausgewiesen sind.

23 Zölle können im Rechnungspreis nur bei dem Incoterm® DDP enthalten sein.

!

Beispiel: Verschiedene Incoterms®

Eine Sendung aus Los Angeles wird per Luftfracht eingeführt.

Rechnungspreis:	26.450,00 USD
Vorlaufkosten in L. A.:	326,00 USD
Luftfrachtkosten:	826,50 USD
Transportversicherung:	96,00 EUR
Zollsatz:	6 %
Kurs:	1,31[24]
Anteilige Luftfrachtkosten bis Verbringungsort:	78 %[25]

Bei der Variation einiger ausgewählter Incoterms® ergibt sich die folgende Matrix **in EUR** mit unterschiedlichen Zollwerten:

Incoterm / Kosten	Abschnitt 1.01 EXW Los Angeles	Abschnitt 1.02 FCA Los Angeles	Abschnitt 1.03 CPT Frankfurt	Abschnitt 1.04 CIP Frankfurt	Abschnitt 1.05 DDP Frankfurt
Rechnungspreis	20.152,38	20.152,38	20.152,38	20.152,38	20.152,38
Vorlaufkosten	248,38	0,00	0,00	0,00	0,00
Luftfracht 78 %	491,18	491,18	0,00	0,00	0,00
Versicherung	96,00	96,00	96,00	0,00	96,00
Zwischensumme	20.987,94	20.739,56	20.248,38	20.152,38	20.248,38
22 % Luftfracht	0.00	0.00	138,54	138,54	138,54
Zwischensumme	20.987,38	20.739,56	20.109,84	20.013.84	20.109,84
6 % EG-Zoll	0,00	0,00	0,00	0,00	1.138,29
Zollwert	20.987,38	20.739,56	20.109,84	20.013,84	18.971,55

Zur Erläuterung: Wenn **vor** der ersten Zwischensumme (Plus-Faktoren) der Wert 0,00 steht, sind die entsprechenden Kosten bereits im Rechnungspreis enthalten. **Nach** der ersten Zwischensumme (Minus-Faktoren) werden Kosten nur abgezogen, wenn sie bereits im Rechnungspreis enthalten sind. Bei CPT, CIP und DDP sind 100 Prozent der Luftfrachtkosten enthalten, also sind 22 Prozent abzugsfähig (Flug über EU-Gebiet). Zu DDP: Im Wert der

24 Der Kurs wird vom vorletzten Mittwoch eines Monats für den nächsten Monat festgelegt für den folgenden Monat. Bei Verwendung von EDV-Programmen wird der Kurs automatisch eingespielt, ansonsten ist er auf der Webseite des Zolls am linken Rand unter »Häufig gesucht« zu finden. Die Kurse, die wir im Buch verwenden, sind fiktiv und können stark vom tatsächlichen Kurs abweichen. Sie liegen aber in einer Größenordnung, die beim EUR realistisch war bzw. ist.

25 Die Prozentsätze – ausschließlich in der Luftfracht – sind im Anhang 25 der ZK-DVO zu finden. Sie sind bei EDV-Programmen eingespielt, ansonsten auf der Zollwebseite zu finden.

zweiten Zwischensumme ist der EG-Zoll bereits enthalten. Also entspricht er 106 Prozent des Zollwerts. Daher bitte nicht 6 Prozent von diesem Wert nehmen, sondern Wert : 106 x 6.
Im weiteren Verlauf des Buchs wird das Beispiel mit der Lieferbedingung CPT Frankfurt weiterverfolgt.

Jedes Incoterm® erfordert eine neue Überlegung: Was ist im Rechnungspreis enthalten, was nicht? Bezüglich der **Beförderungskosten** können Sie sich Folgendes merken:

- E- und F-Incoterms®: Frachtkosten werden addiert.
- C- und D-Incoterms®: Frachtkosten sind enthalten; Frachtkosten über den Verbringungsort hinaus können subtrahiert werden, wenn sie feststellbar sind.

Eine **Transportversicherung** ist nur bei den Incoterms® CIF und CIP enthalten. Sollte bei anderen Incoterms® eine Versicherung eingedeckt werden, müssen Sie die Prämie addieren.

Zu den einzelnen Verkehrsträgern:

- Schiff: Da der Seehafen gleichzeitig die EG-Grenze ist, gibt es keine Probleme. Die Seefracht muss entweder addiert werden (EXW, FCA FAS, FOB) oder ist bereits enthalten (alle anderen Incoterms®).
- Flugzeug: Flugzeuge sind die einzigen Verkehrsträger, bei denen die Frachtkosten gemäß Anhang 25 ZK-DVO prozentual aufgeteilt werden. Also müssen Sie die Frachtkostenanteile entweder addieren (E und F) oder subtrahieren (C und D). Dabei sollten Sie beachten, dass die prozentuale Aufteilung nur für die tatsächliche Luftfracht gilt, nicht aber für die Nebenkosten wie Air Way Bill Fees usw. Auf dem folgenden Ausschnitt einer Air Way Bill (AWB) bzw. eines Luftfrachtbriefs ist der Betrag markiert. Einfach zu merken: Steht der Frachtbetrag unter »Collect«, müssen Sie den entsprechenden Luftfrachtanteil addieren; steht er unter »Prepaid«, müssen Sie den Prozentsatz (100 – Luftfrachtanteil) subtrahieren.

Im abgebildeten Ausschnitt steht die reine Fracht (Pfeil in Abb. 27) unter »Collect«, d. h., die Fracht wird nachgenommen. Die anderen Kosten werden unter »Prepaid« aufgelistet. Sie wurden also vom Absender bezahlt und sind schon im Rechnungspreis enthalten. Es handelt sich also um eine FCA-Lieferung.

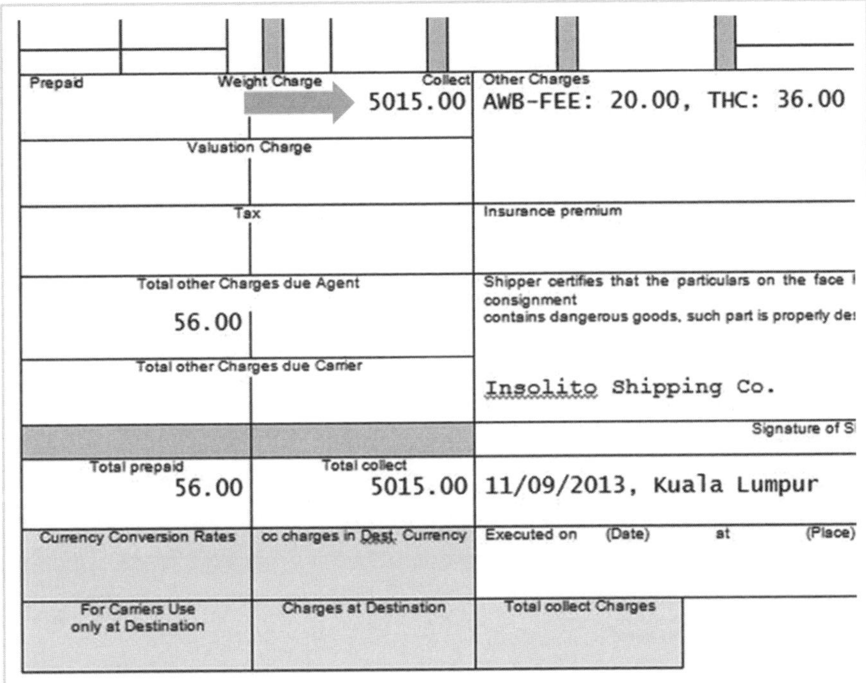
Prepaid
Weight Charge
Collect
5015.00
Other Charges
AWB-FEE: 20.00, THC: 36.00
Valuation Charge
Tax
Insurance premium
Total other Charges due Agent
56.00
Shipper certifies that the particulars on the face
consignment
contains dangerous goods, such part is properly de
Total other Charges due Carrier
Insolito Shipping Co.
Signature of S
Total prepaid
56.00
Total collect
5015.00
11/09/2013, Kuala Lumpur
Currency Conversion Rates
cc charges in Dest. Currency
Executed on (Date) at (Place)
For Carriers Use only at Destination
Charges at Destination
Total collect Charges

Abb. 27: Beispiel einer Air Way Bill

Nur in diesem Fall nehmen Sie als Umrechnungskurs bei der Zollwertermittlung den IATA-Kurs. In der Praxis kommt das relativ selten vor, weil viele Sendungen per Luftfrachtsammelladung von Spediteuren versendet werden. Dabei stellt der Spediteur die Master Air Way Bill »prepaid« aus, während die House Air Way Bill für den Kunden »collect« zum Haustarif des Spediteurs ausgestellt wird. Für diese Speditionskosten können Sie wieder den normalen Umrechnungskurs nehmen.

- Bahn: Die Frachtkosten werden in der Regel staatenweise abgerechnet, sodass sie klar zugeordnet werden können.
- Lkw: Hier ist es schwieriger. Meist wird ein pauschaler Transportpreis vereinbart. Käufer und Verkäufer sollten darauf achten, dass EG-Anteile gesondert ausgewiesen sind.

Für die Zollwertermittlung wurde das Formular D.V.1 entwickelt, das klare Vorgaben macht (bei Zollanmeldungen über IT-Programme ist das D.V.1 normalerweise im Programm enthalten). Auf der Webseite des Zolls finden Sie das Formular im Formularcenter. Sie können es online ausfüllen (mit automatischer Rechenfunktion) und als PDF ausdrucken, jedoch nicht abspeichern. Die folgenden beiden Abbildungen zeigen das Formular D.V.1, beispielhaft mit den Zahlen unseres bisherigen Beispiels (CPT Frankfurt).

EUROPÄISCHE GEMEINSCHAFT

ANMELDUNG DER ANGABEN ÜBER DEN ZOLLWERT D. V. 1

1 Verkäufer (Name oder Firma, Anschrift)
Exporteur
Los Angeles, USA

FÜR AMTLICHE ZWECKE

2 (a) Käufer (Name oder Firma, Anschrift)
Fa. Schnelleinstieg
Haufestr. 1
60311 Frankfurt am Main

2 (b) Zollwertanmelder (Name oder Firma, Anschrift)
s. o.

3 Lieferungsbedingung (z. B. FOB New York)
CPT Frankfurt

WICHTIGER HINWEIS
Mit Unterzeichnung und Vorlage dieser Anmeldung übernimmt der Zollwertanmelder die Verantwortung bezüglich der Richtigkeit und Vollständigkeit der auf diesem Vordruck und sämtlichen mit ihm zusammen vorgelegten Ergänzungsblättern gemachten Angaben und bezüglich der Echtheit aller als Nachweis vorgelegten Unterlagen. Der Zollwertanmelder verpflichtet sich auch zur Erteilung aller zusätzlichen Informationen und zur Vorlage aller weiteren Unterlagen, die für die Ermittlung des Zollwerts der Waren erforderlich sind.

4 Nummer und Datum der Rechnung
1111/15 vom 22.02.XX

5 Nummer und Datum des Vertrags
ohne

6 Nummer und Datum der früheren Zollentscheidungen zu den Feldern 7 bis 9

Zutreffendes ankreuzen [X]

7 (a) Sind Käufer und Verkäufer VERBUNDEN im Sinne von Artikel 143 der Verordnung (EWG) Nr. 2454/93 ?*) - Falls NEIN, weiter zu Feld 8	[ ] JA	[X] NEIN
(b) Hat die Verbundenheit den Preis der eingeführten Waren BEEINFLUSST?	[ ] JA	[ ] NEIN
(c) (Antwort freigestellt) Kommt der Transaktionswert der eingeführten Waren einem der Werte in Artikel 29 Abs. 2b der Verordnung (EWG) 2913/92 SEHR NAHE? Falls JA, Einzelheiten angeben	[ ] JA	[ ] NEIN
8 (a) Bestehen EINSCHRÄNKUNGEN bezüglich der Verwendung und des Gebrauchs der Waren durch den Käufer, ausgenommen solche, die - durch das Gesetz oder von den Behörden in der Gemeinschaft auferlegt oder gefordert werden, - das Gebiet abgrenzen, innerhalb dessen die Waren weiterverkauft werden können, - sich auf den Wert der Waren nicht wesentlich auswirken?	[ ] JA	[X] NEIN
(b) Liegen hinsichtlich des Kaufgeschäfts oder des Preises BEDINGUNGEN vor oder sind LEISTUNGEN zu erbringen, deren Wert im Hinblick auf die zu bewertenden Waren nicht bestimmt werden kann? Art der Einschränkungen, Bedingungen oder Leistungen angeben. Falls der Wert im Hinblick auf die zu bewertenden Waren bestimmt werden kann, Betrag im Feld 11b angeben.	[ ] JA	[X] NEIN
9 (a) Hat der Käufer unmittelbar oder mittelbar LIZENZGEBÜHREN für die eingeführten Waren nach den Bedingungen des Kaufgeschäfts zu zahlen?	[ ] JA	[X] NEIN
(b) Ist das Kaufgeschäft mit einer Vereinbarung verbunden, nach der ein Teil der Erlöse aus späteren WEITERVERKÄUFEN, sonstigen ÜBERLASSUNGEN oder VERWENDUNGEN unmittelbar oder mittelbar dem Verkäufer zugute kommt?	[ ] JA	[X] NEIN

Falls JA zu (a) oder auch (b): Die Umstände angeben und, wenn möglich, die Beträge in den Feldern 15 und 16 angeben.

*) PERSONEN GELTEN NUR DANN ALS VERBUNDEN, WENN
(a) sie der Leitung des Geschäftsbetriebs der jeweils anderen Person angehören;
(b) sie Teilhaber oder Gesellschafter von Personengesellschaften sind,
(c) sie sich in einem Arbeitgeber-/Arbeitnehmerverhältnis zueinander befinden;
(d) eine beliebige Person unmittelbar oder mittelbar 5 % oder mehr der im Umlauf befindlichen stimmberechtigten Anteile oder Aktien beider Personen besitzt oder kontrolliert;
(e) eine von ihnen unmittelbar oder mittelbar die andere kontrolliert;
(f) beide von ihnen unmittelbar oder mittelbar von einer dritten Person kontrolliert werden,
(g) sie zusammen unmittelbar oder mittelbar eine dritte Person kontrollieren oder
(h) sie Mitglieder derselben Familie sind.
Die Tatsache, dass ein Käufer und ein Verkäufer miteinander verbunden sind, schließt die Anwendung des Transaktionswerts nicht unbedingt aus (siehe Artikel 29 Abs. 2 der Verordnung (EWG) Nr. 2913/92 und Anhang 23 zu der VO (EWG) Nr. 2454/93)

Auf das Merkblatt "Zollwert" (Vordruck 0466) wird hingewiesen.

Hinweis nach § 4 Abs. 3 Bundesdatenschutzgesetz
Zu den Angaben in diesem Vordruck sind Sie nach Artikel 178 der Verordnung (EWG) Nr 2454/93 und nach § 11 Abs. 1 Umsatzsteuergesetz verpflichtet.

10 (a) Anzahl der beigefügten Ergänzungsblätter D. V. 1 BIS

10 (b) Ort, Datum, Unterschrift
Frankfurt, der 25.02.20XX

0464/1 Anmeldung der Angaben über den Zollwert + - III B 2 - (20==5)

Abb. 28: Formular D.V.1, Vorderseite

		Ware (Pos.) 1	Ware (Pos.)	Vermerke der Zollstelle
A. Grundlage der Berechnung	11 (a) Nettopreis in der RECHNUNGSWÄHRUNG (Tatsächlich gezahlter Preis oder Preis im maßgebenden Bewertungszeitpunkt)	26.450,00		
	Nettopreis in NATIONALER WÄHRUNG (Umrechnungskurs 1,3125)	20.152,38	0,00	
	(b) Mittelbare Zahlungen (siehe Feld 8b) (Umrechnungskurs ......)			
	12 Summe A in NATIONALER WÄHRUNG	20.152,38	0,00	
B. HINZU-RECHNUNGEN: Kosten in NATIONALER WÄHRUNG, die NICHT in A enthalten sind *) Gegebenenfalls NACHSTEHEND frühere Zollentscheidungen hierzu angeben	13 Kosten, die für den Käufer entstanden sind (a) Provisionen (ausgenommen Einkaufsprovisionen)			
	(b) Maklerlöhne			
	(c) Umschließungen und Verpackungen			
	14 Gegenstände und Leistungen, die vom Käufer unentgeltlich oder zu ermäßigten Preisen für die Verwendung im Zusammenhang mit der Herstellung und dem Verkauf zur Ausfuhr der eingeführten Waren geliefert werden Die aufgeführten Werte sind ggf. entsprechend aufgeteilt (a) In den eingeführten Waren enthaltene Materialien, Bestandteile und dergleichen			
	(b) Bei der Herstellung der eingeführten Waren verwendete Werkzeuge, Gußformen und dergleichen			
	(c) Bei der Herstellung der eingeführten Waren verbrauchte Materialien			
	(d) Für die Herstellung der eingeführten Waren notwendige Techniken, Entwicklungen, Entwürfe, Pläne und Skizzen, die außerhalb der Gemeinschaft erarbeitet wurden			
	15 Lizenzgebühren (siehe Feld 9a)			
	16 Erlöse aus Weiterverkäufen, sonstigen Überlassungen oder Verwendungen, die dem Verkäufer zugute kommen (siehe Feld 9b)			
	17 Lieferungskosten bis (Ort des Verbringens)			
	(a) Beförderung			
	(b) Ladekosten und Behandlungskosten			
	(c) Versicherung	96,00		
	18 Summe B	96,00	0,00	
C. ABZÜGE: Kosten in NATIONALER WÄHRUNG, die in A ENTHALTEN sind *)	19 Beförderungskosten nach Ankunft am Ort des Verbringens	138,54		
	20 Zahlungen für den Bau, die Errichtung, Montage, Instandhaltung oder technische Unterstützung nach der Einfuhr			
	21 Andere Zahlungen (Art)			
	22 Zölle und Steuern, die in der Gemeinschaft wegen der Einfuhr oder des Verkaufs der Waren zu zahlen sind			
	23 Summe C	138,54	0,00	
24 ANGEMELDETER WERT (A + B - C)		20.109,84	0,00	

*) Wenn Beträge in AUSLÄNDISCHER WÄHRUNG zu zahlen sind, hier den Betrag in ausländischer Währung und den Umrechnungskurs unter Bezug auf jede Ware und Zeile angeben.

Bezug	Betrag	Umrechnungskurs
19 Luftfrachtkosten 22 %	826,50	1,3125

Zusätzliche Angaben

0464/2 Anmeldung der Angaben über den Zollwert + - III B 2 - (2005)

Abb. 29: Formular D.V.1, Rückseite

Auf dem Formular D.V.1 müssen Sie auf der Vorderseite Angaben aus der Rechnung übernehmen und eine Reihe von Fragen beantworten. Nur wenn Sie diese Fragen mit »Nein« beantworten, wird der Zollwert als Normalfall berechnet. Bei einer Ja-Antwort kommen eventuell andere Zollwertermittlungen in Betracht (siehe Kapitel 4.2.4.2). Die Angaben muss der steuerpflichtige Einführer nach bestem Wissen und Gewissen machen, auch wenn er einen Spediteur mit der Einfuhrabfertigung beauftragt.

Auf der Rückseite sind dann alle Zahlen zur Zollwertermittlung in EUR einzutragen. Der obere Bereich A ist die Grundlage, nämlich die Handelsrechnung und der Umrechnungskurs. Der mittlere Bereich B behandelt die Plusfaktoren und der untere Bereich C die Minusfaktoren.

!

Exkurs: Der statistische Wert

Vom **Zollwert** zu trennen ist der **statistische Wert**, der ebenfalls in der Einfuhranmeldung anzugeben ist. Während der Zollwert an der EG-Grenze zu ermitteln ist, wird der statistische Wert an der deutschen Außengrenze ermittelt – schließlich geht es um die deutsche Außenhandelsstatistik. Es macht also z. B. einen Unterschied, ob ein Container aus Asien in Bremerhaven oder in Rotterdam entladen wird. Der Zollwert wäre in beiden Fällen gleich, weil sich die Transportkosten nicht unterscheiden, der statistische Wert wäre aber für den in Rotterdam entladenen Container höher, weil die niederländischen Transportkosten berücksichtigt werden müssen.
In der Praxis wird das oft nicht so genau genommen, weshalb häufig die Zollwerte auch als statistische Werte angegeben werden. Gerade in der Luftfracht ist es darüber hinaus schwierig, einen europäischen, aber nicht deutschen Streckenanteil zu ermitteln. Und da es die Einfuhrabgaben nicht berührt, wird hier vom Zoll auch nicht kontrolliert. Bei diesen Angaben werden in der Praxis sicher viele Fehler gemacht, die sich zum Teil statistisch wieder ausgleichen bzw. durch die Erfahrung der Statistiker ausgeglichen werden.

!

Beispiel Luftfracht: Ein praktischer Fall (Fortsetzung)

Die Zollwerte für unseren praktischen Fall aus Kapitel 2.4 finden Sie samt Einfuhrabgabenberechnung am Ende des Buchs.
Die Lösungen zu den folgenden Aufgaben zur Zollwertermittlung im Normalfall finden Sie in Kapitel 7.3.

!

Übungen: Zollwert

Ermitteln Sie den Zollwert für die folgende Sendung:
Rechnungspreis FOB Manila: 12.345,00 EUR, Kurs 1 EUR = 1,2345 USD

1. Ihnen sind die folgenden Transportkosten bekannt:

Vortransport nach Manila:	376,80 EUR
Seefracht bis Rotterdam:	1.826,31 EUR
Fracht Rotterdam-Kaldenkirchen:	385,00 EUR
Fracht Kaldenkirchen-Frankfurt:	636,00 EUR
Transportversicherung:	138,50 EUR

2. Sie wollen 1 Mio. Kugelschreiber einführen. Ihnen liegen zwei Angebote vor (USD-Kurs wie bei Aufgabe 1).

Lieferant:	1. Yung Ming Suppliers	2. Garuda Enterprises
	Ghuangzou	Palembang
	China	Indonesien
Preis je Stück:	0,095 USD	0,068 EUR
Lieferbedingung:	CFR Hamburg	FOB Jakarta
Seefracht:	1250.00 USD	1250.00 USD
Fracht HH-F	820,00 EUR	820,00 EUR

Berechnen Sie die Zollwerte:

Lieferant 1:	____________________	EUR
Lieferant 2:	____________________	EUR

3. Der Rechnungsbetrag für eine Importrechnung lautet auf 44.578,00 USD CPT Frankfurt, abzügl. zwei Prozent Skonto bei Zahlung innerhalb von zehn Tagen. Die Air Way Bill weist Luftfrachtkosten in Höhe von 1.223,50 USD aus. Bis zum Verbringungsort sind 78 Prozent zu berücksichtigen. Kurs wie in Aufgabe 1.

4.2.4.2 Andere Zollwertermittlungen

Sollte Art. 70 ZK aus irgendwelchen Gründen nicht anwendbar sein, z. B. kein Verkauf, Verbundenheit der Unternehmen, Einschränkung der Verwendung usw., ist bei der Bewertung **zwingend** die folgende Reihenfolge vorzunehmen:

a) Art. 74, Abs. **2a** ZK kommt zur Anwendung: Es wird der Preis **gleicher** Waren zugrunde gelegt (Definition im Anschluss an Punkt b.)
Ist eine Bewertung hiernach nicht möglich, kommt

b) Art. 74, Abs. **2b** ZK zur Anwendung: Es wird der Preis **ähnlicher** Waren zugrunde gelegt.

Definitionen:

- Gleiche Waren: in jeder Hinsicht gleich (Qualität, Beschaffenheit, Aussehen, Marke).
- Ähnliche Waren: gleiche Eigenschaften und Materialbeschaffenheit – sie müssen austauschbar sein.

Für beide gilt:

- aus demselben Ausfuhrland,
- grundsätzlich vom selben Hersteller,
- annähernd zum gleichen Zeitpunkt ausgeführt und
- gleiche handelsmäßige Umstände.

Beispiel: Gleiche/ähnliche Waren

Bei gleichartigen Waren könnte ein Modellwechsel stattgefunden haben, der das Design betrifft. Oder ein Importeur lässt die Ware einer bestimmten Marke leicht verändern und vertreibt sie als eigene »Hausmarke«.

Sollte weder eine Einfuhr gleicher oder ähnlicher Waren zum annähernd selben Zeitpunkt (= zwei Monate) stattgefunden haben, so ist nach

c) Art. 74, Abs. **2c** ZK die **deduktive** Methode anzuwenden. Das bedeutet, dass die Ware innerhalb einer Frist von 90 Tagen innerhalb der EG weiterverkauft werden muss. Aus diesem Wiederverkaufspreis ermittelt man unter Berücksichtigung der üblichen Handelsspannen, Zollabgaben usw. den Zollwert; es handelt sich also um eine Art Rückrechnung.
Interessant hierbei ist, dass – wenn die Ware zu unterschiedlichen Preisen verkauft wird – der Preis der größten verkauften Menge zugrunde gelegt wird. Es wird also nicht die tatsächliche, sondern die branchenübliche Handelsspanne berücksichtigt.
Sollte der Verkauf nicht innerhalb der vorgegebenen Frist stattfinden oder wünscht der Importeur diese Methode nicht (einzige Wahlmöglichkeit innerhalb des Bewertungssystems), ist nach

d) Art. 74, Abs. **2d** ZK ein **errechneter** Wert (Kalkulationsmethode) zugrunde zu legen. Die Voraussetzung hierfür ist, dass der **Aus**führer Einblick in seine Buchungsunterlagen gewährt und der Zollwert aus den nachweisbaren Materialkosten, Löhnen, üblichen Gewinnspannen usw. errechnet wird – was in der Praxis nicht häufig vorkommen dürfte, zumal der Zoll das im Herstellerland prüfen müsste.
Sollte auch diese Möglichkeit nicht vorhanden sein, ist als letzte Methode nach

e) Art. 74 Abs. 3 ZK die **Schätz**methode anhand einwandfreier Unterlagen erlaubt. Die Schätzmethode darf allerdings **nicht** zur Grundlage haben (Art. 2 Abs. 4 ZK):

- den Verkaufspreis in der Gemeinschaft von Waren, die in der Gemeinschaft hergestellt wurden;
- ein Verfahren, nach dem jeweils der höhere von zwei Alternativwerten für die Zollbehandlung heranzuziehen ist;
- den Inlandsmarktpreis von Waren im Ausfuhrland;
- andere Herstellungskosten als jene, die beim »errechneten Wert« für gleiche oder gleichartige Waren nach Art. 7 ZK ermittelt wurden;
- die Ausfuhrpreise in ein Land, das nicht vom Zollgebiet der Gemeinschaft umfasst ist;
- Mindestzollwerte;
- willkürliche oder fiktive Werte.

Dies war eine Kurzdarstellung der anderen – neben Art. 29 ZK – zulässigen Bewertungsmethoden.

Auf den Punkt gebracht !

- Der Zollwert ist ein fiktiver Wert, den die Ware bei einem Kaufgeschäft beim Überschreiten der EU-Grenze hat. Er bildet die Grundlage für die Berechnung des Wertzolls.
- Alle Kosten, die außerhalb der EG entstanden sind, müssen einbezogen sein; alle innerhalb der EG entstehenden Kosten sind abzugsfähig, sofern sie im Rechnungspreis enthalten sind.
- Der Standard ist der »Normalfall« nach Art. 70 ZK, andere Bewertungen kommen nur in Ausnahmen vor.

4.2.5 Die EUSt-Wert-Ermittlung

Die Umsatzsteuer gliedert sich in die drei Bezeichnungen Mehrwertsteuer, Steuer auf den innergemeinschaftlichen Erwerb und Einfuhrumsatzsteuer. Sie beträgt zurzeit im Regelfall 19 Prozent, ermäßigt 7 Prozent.

Bei *jeder* Einfuhr müssen Sie auch Einfuhrumsatzsteuer (EUSt) entrichten. Während der Zollwert an der EG-Grenze ermittelt wird (Verbringungsort), wird der EUSt-Wert am ersten inländischen Bestimmungsort ermittelt; i. d. R. an dem Ort, an dem das grenzüberschreitende Frachtdokument endet.

Unterliegt die eingeführte Ware keinen Zollabgaben und/oder Verbrauchsteuern und ist der Einführer vorsteuerabzugsberechtigt, wird der Einfachheit halber der Rechnungspreis zugrunde gelegt. Fallen indes Einfuhrabgaben an, muss der EUSt-Wert ermittelt werden.

In den EUSt-Wert fließen ein:

- der Zollwert,
- alle Zölle,
- die Verbrauchsteuern (sofern verbrauchsteuerpflichtig),
- die EG-Beförderungskosten (+ eventuelle andere EG-Kosten).

Nehmen wir das in Kapitel 4.2.4.1 genannte Beispiel mit der Lieferbedingung CPT Frankfurt, ergibt sich die folgende Rechnung:

Zollwert	20.109,84 EUR	
Zoll (6 %)	1.206,59 EUR	
22 % Luftfracht:	138,54 EUR	= EG-Beförderungskosten
EUSt-Wert:	21.454,97 EUR	

Von diesem Betrag wird die Einfuhrumsatzsteuer erhoben.

4.2.6 Einfuhrabgaben: Zölle, Verbrauchsteuern, Einfuhrumsatzsteuer

Die Einfuhrabgaben sind die Summe aus den Zöllen, den Verbrauchsteuern und der Einfuhrumsatzsteuer. **Zölle** verteuern Einfuhren künstlich und wurden vorwiegend zum Schutz der heimischen Wirtschaft eingeführt. Stark exportorientierte Staaten wie Deutschland sind natürlich an einem weltweiten Abbau von Zöllen interessiert. In einer Zollunion wie der EU (inkl. Türkei) gelten gleich hohe Zölle auf Einfuhren für alle Mitgliedstaaten.

Verbrauchsteuern sind nationale Steuern. Sie sind deshalb auch innerhalb der EG unterschiedlich hoch und werden auf unterschiedliche Produkte erhoben. In Deutschland gibt es die folgenden Verbrauchsteuern:

- Mineralöl/Energie: Wird auf alle Mineralölerzeugnisse, Gas und Elektrizität erhoben.
- Tabak: Wird auf alle Tabakprodukte wie Zigaretten, Zigarren, Feinschnitt usw. erhoben.
- Branntwein: Wird auf alkoholhaltige Produkte erhoben, gleichgültig, ob sie genießbar sind oder nicht, Schnaps, Parfums usw.
- Bier: Die Biersteuer wird nach der Größe der Brauerei und nach dem Grad an Plato (Stammwürze) erhoben.
- Schaumwein: Wird auf Sekt, Champagner und Schaumwein erhoben.
- Kaffee: Wird auf alle kaffeehaltigen Produkte erhoben.

Die **Einfuhrumsatzsteuer** (EUSt) ist eigentlich auch eine Verbrauchsteuer, sie wird aber auf alle eingeführten Waren erhoben und trifft damit letztendlich nur die Verbraucher.

Wie die Einfuhrabgaben zu berechnen sind, wird im Folgenden anhand von Beispielen gezeigt. Auch hier wird wieder getrennt zwischen »Normalfällen«, also nur zoll- und EUSt-pflichtige Waren, und Einfuhren im Agrar- und Verbrauchsteuerbereich. Den Bereich, der Sie nicht interessiert, können Sie überspringen.

Teil A: Einfuhrabgaben nur zollpflichtiger Waren

Beispiel 1: Die Stereokompaktanlage unserer Einfuhranmeldung

Schauen wir zuerst in den Zolltarif – diesmal mithilfe von Ausschnitten aus dem Programm Tarife 32. Zunächst benötigen wir die Warennummer.

Kap/Pos	Code	Warenbezeichnung (Wechsel ein-/mehrzeilig -> Klick)
85		**ELEKTRISCHE MASCHINEN, APPARATE, GERÄTE UND ANDERE ELEKTROTECHNISCHE WAREN, TEILE DAVON; TONAUFNAHME- ODER TONWIEDERGABEGERÄTE, BILD- UND TONAUFZEICHNUNGS- ODER -WIEDERGABEGERÄTE, FÜR DAS FERNSEHEN, TEILE UND ZUBEHÖR FÜR DIESE GERÄTE:**
8527		**Rundfunkempfangsgeräte, auch in einem gemeinsamen Gehäuse mit einem Tonaufnahme- oder Tonwiedergabegerät oder einer Uhr kombiniert:**
8527		- Rundfunkempfangsgeräte, die ohne externe Energiequelle betrieben werden können:
8527		-- andere Geräte, kombiniert mit Tonaufnahme- oder Tonwiedergabegeräten:
8527	8527 1310 00 0	--- mit Laserabnehmersystem
8527		--- andere:

Bei der richtigen Einreihung erhalten Sie die Warennummer 8527 9135 00 0. Mit einem Doppelklick auf den Button »%« und der Eingabe des Ursprungslands wird Ihnen der folgende Zollsatz angezeigt:

Nr (Gültigkeit)	Maßnahmen	Zollsatz
1 (01.01.1999- . .)	Drittlandszollsatz	12,00000
2 (01.01.2008- . .)	Besondere Maßeinheit	Anzahl Stück
3 (01.01.2008- . .)	Luftfahrttauglichkeits-Zollaussetzung	frei
4 (27.08.2009- . .)	Ausfuhrgenehmigung (DUAL USE)	

Sie müssen also 12 Prozent Zoll zahlen.
Vor diesem Hintergrund beginnen Sie mit der Handelsrechnung:

112.959,00 USD : 1,3125 =	86.064,00 EUR	
+ Seefracht 2.856,78 USD =	2.176,59 EUR	weil FOB Shanghai
= Zollwert	88.240,59 EUR	
hiervon 12 % Zoll =	10.588,87 EUR	= Einfuhrabgabe

Löschkosten in Hamburg	240,00 EUR	
Weiterleitung nach Frankfurt	844,50 EUR	
= EUSt-Wert	99.913,96 EUR	
hiervon 19 % EUSt =	18.983,65 EUR	= Einfuhrabgabe

Die Einfuhrabgaben sind die Summe aus Zoll + EUSt:
10.588,87 EUR + 18.983,65 EUR = **29.572,52 EUR**.
Da die EUSt als Vorsteuer absetzbar ist, stellt der EUSt-Wert die echten Importkosten dar (sieht man von evtl. anfallenden Zollabfertigungs- und Weiterleitungskosten eines Spediteurs ab).

! **Exkurs: Frachtkosten mit und ohne Mehrwertsteuer**

Die Weiterleitung erfolgt nach Frankfurt: Es handelt sich also um einen rein innerdeutschen Transport. Für diesen Transport berechnet der Frachtführer (Bahn oder Lkw) seinem Auftraggeber (z. B. einem Spediteur) Mehrwertsteuer. Letzterer kann diese Kosten aber seinem Auftraggeber, dem Einführer, ohne Mehrwertsteuer in Rechnung stellen, wenn er den grenzüberschreitenden Transport organisiert und berechnet hat. Das bedeutet: Werden die Frachtkosten ohne Mehrwertsteuer berechnet, gehören sie zum EUSt-Wert. Wird für die Frachtkosten indes Mehrwertsteuer berechnet, werden die Frachtkosten nicht in den EUSt-Wert einbezogen.

! **Beispiel 2: Digitale Festplattenrekorder aus Japan**

Sie führen 100 digitale Festplattenrekorder CPT Frankfurt aus Japan ein, und zwar zum Preis von 963.310,00 JPY. Die Air Way Bill weist einen Frachtbetrag von 220.500,00 JPY aus, davon sind 83 Prozent bis zum Verbringungsort zu berücksichtigen. Der Zollsatz beträgt laut Tarif 13,9 Prozent, der Umrechnungskurs 147,07.

Rechnungspreis (963.310 JPY : 147,07)	6.550,01 EUR	
- 17 % Luftfracht	254,88 EUR	weil CPT
Zollwert	6.295,13 EUR	
+ 13,9 % Zoll	875,02 EUR	= Einfuhrabgabe
+ EG-Beförderungskosten (17 % Lf.)	254,88 EUR	
EUSt-Wert	7.425,03 EUR	
19 % EUSt	1.410,76 EUR	= Einfuhrabgabe

Die Summe der Einfuhrabgaben aus Zoll und EUSt ergibt 2.285,78 EUR.

Teil B: Einfuhrabgaben im Agrarbereich

! **Beispiel 3: Tomaten aus Algerien**

Sie führen 8.525 kg Tomaten aus Algerien per Lkw zu einem Preis von 5.700,00 EUR CPT Frankfurt ein. Der EG-Beförderungsanteil wird mit 580,00 EUR ausgewiesen. Der TARIC weist im November die folgenden Zollsätze aus:

Geographisches Gebiet: Algerien - DZ

Warencode: 0702000099

ABSCHNITT II WAREN PFLANZLICHEN URSPRUNGS

KAPITEL 7 GEMÜSE, PFLANZEN, WURZELN UND KNOLLEN, DIE ZU ERNÄHRUNGSZWECI

0702 **Tomaten, frisch oder gekühlt** (TN701) (TN084)

0702 00 00 07 - Kirschentomaten (PN001)

0702 00 00 99 ▼ - andere (PN001)

ERGA OMNES (ERGA OMNES)

→| Drittlandszollsatz (01-11-2014 - 20-12-2014) (PB001)

[Bedingungen anzeigen]

→| Pauschaler Einfuhrwert (15-11-2014 - 17-11-2014) : **77.50 EUR / 100 kg**

Ausgenommen: Albanien (AL) , Marokko (MA) , Ehemalige jugoslawische Republik Mazed

Algerien (DZ)

→| Zollpräferenz (15-10-2014 - 20-12-2014) (PB001)

[Bedingungen anzeigen]

Zu erkennen ist ein Drittlandszollsatz und eine Zollpräferenz (Vorlage einer EUR.1) für Algerien, die vom 15.10. bis zum 31.12. gültig ist. In beiden Fällen gibt es eine kleine Unterzeile »Bedingungen anzeigen«. Erst wenn Sie darauf klicken, werden Ihnen die Zollsätze angezeigt:

Algerien (DZ)

→| Zollpräferenz (15-10-2014 - 20-12-2014) (PB001)

[Bedingungen unterdrücken]

V1	Der Einfuhrpreis muss gleich oder höher als der Eingangspreis sein (siehe Komponenten) **62.60 EUR / 100 kg**	Der Aktionsbetrag ist anzuwenden (siehe Komponenten) **0 %**
V2	Der Einfuhrpreis muss gleich oder höher als der Eingangspreis sein (siehe Komponenten) **61.30 EUR / 100 kg**	Der Aktionsbetrag ist anzuwenden (siehe Komponenten) **0 % + 1.30 EUR / 100 kg**
V3	Der Einfuhrpreis muss gleich oder höher als der Eingangspreis sein (siehe Komponenten) **60.10 EUR / 100 kg**	Der Aktionsbetrag ist anzuwenden (siehe Komponenten) **0 % + 2.50 EUR / 100 kg**
V4	Der Einfuhrpreis muss gleich oder höher als der Eingangspreis sein (siehe Komponenten) **58.80 EUR / 100 kg**	Der Aktionsbetrag ist anzuwenden (siehe Komponenten) **0 % + 3.80 EUR / 100 kg**
V5	Der Einfuhrpreis muss gleich oder höher als der Eingangspreis sein (siehe Komponenten) **57.60 EUR / 100 kg**	Der Aktionsbetrag ist anzuwenden (siehe Komponenten) **0 % + 5.00 EUR / 100 kg**
V6	Der Einfuhrpreis muss gleich oder höher als der Eingangspreis sein (siehe Komponenten) **0 EUR / 100 kg**	Der Aktionsbetrag ist anzuwenden (siehe Komponenten) **0 % + 29.80 EUR / 100 kg**

Der Zollsatz beträgt 0 Prozent, sofern der Zollwert über 62,60 EUR je 100 kg liegt. Sie müssen also zunächst den Zollwert ermitteln. Das ist hier ganz einfach: Rechnungspreis (5.700 EUR) – EU-Beförderungskosten (580 EUR) = 5.120,00 EUR. Da Sie 8.525 kg einführen, müssen Sie den Zollwert durch 85,25 dividieren, um den Zollwert je 100 kg zu erhalten:
5120,00 : 85,25 = 60,06 EUR je 100 kg.
Das ergibt einen Zollsatz von 0 % + 3,80 EUR je 100 kg = 3,80 EUR x 85,25 = 323,95 EUR Agrarzoll.
Im Prinzip heißt das, dass der optimale Einkaufspreis frei EG-Grenze bei 62,60 EUR liegt, weil dann kein Zoll anfällt. Liegt der Preis darunter, wird die Differenz »abgeschöpft«. Das ist durchaus eine Form der Entwicklungshilfe, weil damit den algerischen Produzenten ein gewisser Preis garantiert wird. Jedes Preisdrücken wird vom Zoll abkassiert.
So berechnen Sie die Einfuhrabgaben:

Rechnungspreis	5.700,00 EUR	
Agrarzoll	323,95 EUR	(3,80 EUR x 85,25)
EUSt-Wert	6.023,95 EUR	
EUSt (7 % Agrar)	421,68 EUR	

Zoll + EUSt = 745,63 EUR
Da es keinen Wertzoll gibt, gehen wir einfach vom Rechnungspreis aus, in dem die EU-Beförderungskosten bereits enthalten sind.
Würden wir das gleiche Beispiel mit dem Nachbarstaat **Marokko** rechnen, ergäbe sich – zumindest zum Zeitpunkt des Schreibens – ein völlig anderes Ergebnis, weil es hier präferenzielle Zollkontingente gibt (Windhundverfahren). Beim gleichen Preis wäre die Ware völlig zollfrei. Erst bei Unterschreiten einer Preisgrenze von 46,10 EUR je 100 kg würde ein – niedrigerer – Agrarzoll erhoben. Auch dieses Beispiel belegt, dass Sie vor dem Kaufvertrag in den Tarif schauen sollten, um die Zollsätze im Voraus festzustellen. Bei gleichem Preis und gleicher »Einkaufsregion« können die Abgaben – und damit auch die Einkaufskosten – sehr unterschiedlich sein.
Hinzu kommt, dass sich die Zölle gerade im Agrarsektor manchmal von Monat zu Monat verändern (sog. Saisonzölle). Im Sommer, wenn in der EG die gleichen Produkte reifen, ist der Zollsatz höher als im Winter. Bei den Zollkontingenten im Windhundverfahren wird werktäglich aktualisiert, wie viel der Menge (bei den Tomaten in kg) noch offen ist bzw. wann das Kontingent erschöpft war. Die Tagesmeldungen sind in der Datenbank QUOTA enthalten, zu der Sie von der Tarifseite durch einen Klick auf die laufende Nummer des Kontingents gelangen.

Beispiel 4: Kaffeegebäck aus Russland

Jetzt wird es noch komplizierter. Nehmen wir einmal an, Sie führen Kaffeegebäck in 250-g-Packungen aus Russland ein, insgesamt 5.000 kg, also 20.000 Packungen. Der Rechnungspreis beträgt 12.500,00 EUR CPT Frankfurt, die EG-Beförderungskosten belaufen sich auf 400,00 EUR.
Das Einreihen der richtigen Warennummer stellen wir hier nicht mehr dar. Sollte das Gebäck auch teilweise mit Schokolade überzogen sein, gelangen Sie zur Warennummer

1905 3119 000. Wenn Sie nun den Zollsatz ermitteln wollen, erhalten Sie als Ergebnis: 9 Prozent + EA, höchstens 24,2 Prozent + ZZu (oder ADSZ). »EA« steht für Einfuhrzoll Agrar, »ZZu« für Zusatzzoll Zucker. Wie hoch diese beiden Beträge sind, erfahren Sie erst, wenn Sie den »Meursing Code« (auf der geöffneten Tarifseite) ermitteln, der von der Rezeptur des Gebäcks abhängt.

Nehmen wir an, Ihr Gebäck hätte nur einen geringen Milchfettgehalt von 2,5 Prozent und 8 Prozent Milchproteine, aber einen Stärkeanteil von 65 Prozent und einen Zuckeranteil von 17 Prozent (Rest: Kakao, Emulgatoren u. Ä.). Wenn Sie die entsprechenden Prozentspannen, die farblich hinterlegt sind, anklicken erhalten Sie den Meursing Code »7156«. Die komplette Warennummer lautet also: 1905 3119 00 7156 0. Nun können Sie die Beträge für EA und ZZu ermitteln:

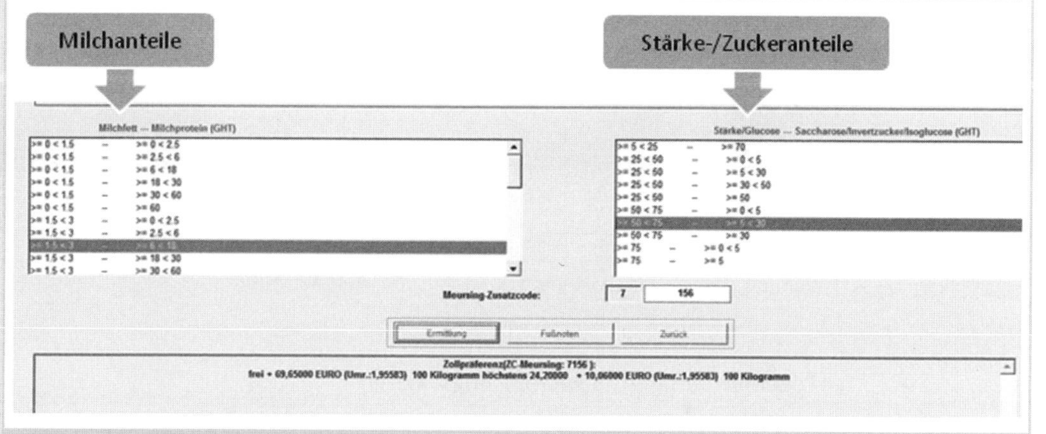

Abb. 30: EA- und ZZu-Ergebnisse in der Software Tarife 32

Wie Sie sehen, werden in der Software immer zwei Bestandteile gleichzeitig abgerufen. Bei TARIC z. B. wird jeder Bestandteil einzeln abgefragt.

Das Ergebnis sieht folgendermaßen aus:

9 % + 69,65 EUR je 100 kg, höchstens aber 24,2 % + 10,06 EUR je 100 kg.

Die Einfuhrabgabenberechnung gestaltet sich also wie folgt:

Rechnungspreis	12.500,00 EUR
- EG-Beförderung	400,00 EUR
Zollwert	12.100,00 EUR

Rechnung 1:

Zollwert	12.100,00 EUR	
9 % Zoll	1.089,00 EUR	
Agrarzoll	3.482,50 EUR	(= 69,65 EUR x 50)
Summe Zoll	4.571,50 EUR	

Rechnung 2:

Zollwert	12.100,00 EUR	
24,2 % Zoll	2.928,20 EUR	
Zusatzzoll Zucker	503,00 EUR	(= 10,06 EUR x 50)
Summe Zoll	3.431,20 EUR	

Als maximal zu erhebender Zollbetrag wird immer das niedrigere Ergebnis dieser beiden Rechnungen angesetzt, hier also das Ergebnis aus Rechnung 2. Die komplette Einfuhrabgabenberechnung sieht dann wie folgt aus:

Zollwert	12.100,00 EUR	
24,2 % Zoll	2.928,20 EUR	= Einfuhrabgabe
Zusatzzoll Zucker	503,00 EUR	= Einfuhrabgabe
EG-Bef.-Kosten	400,00 EUR	
EUSt-Wert	15.931,20 EUR	
7 % EUSt	1.115,18 EUR	= Einfuhrabgabe
Einfuhrabgaben gesamt (Zölle + EUSt)	4.546,38 EUR	

Teil C: Einfuhr verbrauchsteuerpflichtiger Waren

!

Beispiel 5: Bourbon Whiskey aus den Vereinigten Staaten

10.000 l Bourbon Whiskey werden im Tankcontainer über Savannah nach Hamburg verschifft und sollen in Düsseldorf in Flaschen abgefüllt werden. Der Whiskey hat einen Alkoholgehalt von 40 Vol. %.

Rechnungspreis CIF Hamburg	72.000,00 USD
Seefracht	1.420,00 USD
Transportversicherung	288,00 USD
Weiterleitung nach Düsseldorf (netto)	420,00 EUR
Umrechnungskurs:	1,3125

Da im Rechnungspreis CIF Hamburg die Seefracht und die Versicherung bereits enthalten sind, entspricht der Zollwert dem Rechnungspreis: 54.857,00 EUR.

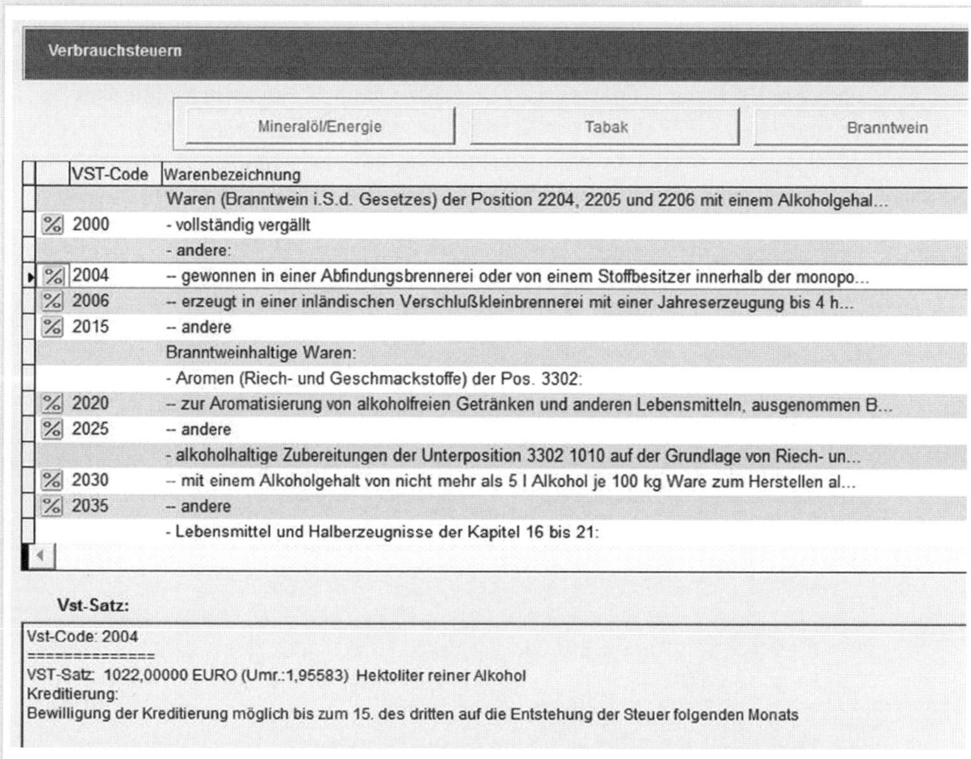

Die Warennummer lautet 2208 3019 00 0 für Whiskey in Behältnissen von über 2 l; der Zollsatz ist für Drittlandsware »frei«. Aber: Es fällt Verbrauchsteuer an. Für Branntwein ergibt sich der Zusatzcode »2004«, sodass die komplette Warennummer nun 2208 3019 00 2004 0 lautet.
Wenn Sie den Code anklicken, wird am unteren Ende des Bildschirms der Verbrauchsteuersatz von 1.022,00 EUR je Hektoliter reiner Alkohol angezeigt.
Es ergibt sich die folgende Rechnung:

Rechnungspreis	54.857,00 EUR	
Verbrauchsteuer	40.880,00 EUR	(= 10.000 l x 40 % x 1.022 EUR)
Weiterleitung	420,00 EUR	
EUSt-Wert	96.157,00 EUR	
19 % EUSt	18.270,00 EUR	

Einfuhrabgaben: Verbrauchsteuer + EUSt = 59.150,00 EUR.
Bei anderen Alkoholika kann es zusätzlich auch noch einen Zollsatz geben, so z. B. bei Rum. Dann wäre auch der Zoll noch in den EUSt-Wert und in die Einfuhrabgaben einzubeziehen.

4.2.7 Pauschalierungen

Bei gelegentlichen Postsendungen, deren Wert 700 EUR pro Sendung nicht übersteigt, kann man zur Vereinfachung die Einfuhrabgaben pauschalisieren. Ohne Einreihung und ohne Ermittlung eines Zollsatzes werden dann 17,5 Prozent Einfuhrabgaben für Drittlandsware und 15 Prozent für präferenzberechtigte Waren erhoben. Im Prinzip wird hier vom Wert der Sendung ein Freibetrag abgezogen und auf den Rest ein durchschnittlicher Zollsatz zuzüglich EUSt erhoben.

!

Beispiel: Pauschalierung

Verschiedene Ersatzteile werden über einen Paketdienst aus den USA eingeführt. Die beigefügte Rechnung weist einen Betrag von 623,00 USD CPT Frankfurt aus, der Kurs beträgt 1,2208.

Lösung: Vom Rechnungsbetrag in Höhe von 510,32 EUR werden 17,5 Prozent Einfuhrabgaben erhoben, also 89,31 EUR.

Hier folgen einige »Kompaktaufgaben« (Zollwert, Zollsatz, Zoll, EUSt-Wert, EUSt und Einfuhrabgabenberechnung). Die Lösungen zu diesen Aufgaben finden Sie in Kapitel 7.3.

!

Aufgaben: Einfuhrabgaben

1. 1.000 Iglu-Zelte aus synthetischen Spinnfasern aus China. Preis FOB Shanghai: 17.256,00 USD. Seefracht inkl. aller Zuschläge: 2.345,88 USD, Kurs: 1,2278, THC in Hamburg: 210,00 EUR.
2. Anschlussfracht bis Frankfurt: 678,00 EUR.
3. 1.000 Herrenarmbanduhren mit Automatikaufzug aus China. Preis CPT Frankfurt: 32.488,00 USD, Kurs: 1,1952.
4. Luftfracht: CNY 3.256,00 USD, davon 70 Prozent bis Verbringungsort, Kurs 7,8794.
5. 300 Regalwände aus Fichtenholz, furniert, montagefertig, aus Russland. Preis pro Stück: 15,95 EUR CPT Frankfurt. Für die EG-Strecke sind 320,00 EUR an Fracht zu veranschlagen.
6. Sie führen 4.250 kg Fleischtomaten aus Marokko ein. Preis CPT Frankfurt: 28.500,00 EUR. EG-Frachten: 720,00 EUR.
7. Sie führen elektrische Handrührgeräte für die Küche im Wert von 5.789,00 USD CIP Frankfurt aus Indonesien ein. Die Luftfracht beträgt 722,43 USD, davon 70 Prozent bis Verbringungsort, Kurs: 1,2573.

Eine weitere Aufgabe mit Dokumenten finden Sie am Ende des Buchs.

4.2.8 Zollbefreiungen

Auch wenn der Zolltarif eine Abgabenerhebung vorsieht, gibt es eine Reihe von Fällen, in denen von einer Abgabenerhebung abgesehen wird. Im Folgenden gehen wir nur auf die für die Industrie und den Handel wichtigen Punkte ein – Punkte, die sich auf den Privatbereich beziehen, lassen wir außer Acht. Bei Bedarf sollten Sie einen Blick in den Originaltext werfen.

ZollbefreiungsVO 1186/2009 (Art. 86 ZK)

Folgende Tatbestände sind abgabenfrei:

*f. Sendungen von **geringem Wert**, d. h. das Päckchen oder Paket darf einen Gesamtwert von bis zu 150 Euro haben.*

*h. **Investitionsgüter** und andere Ausrüstungsgegenstände, die anlässlich einer Betriebsverlegung aus einem Drittland in die Gemeinschaft eingeführt werden, sofern die bisherige Tätigkeit im Drittland endgültig eingestellt wird. Die Güter müssen vorher mindestens zwölf Monate im Drittland genutzt worden sein und nach der Einfuhr zu den gleichen Zwecken genutzt werden.*

Ausgeschlossen hiervon sind Fusionen sowie einige namentlich genannte Produktgruppen.

Der Antrag auf freien Verkehr muss innerhalb von zwölf Monaten nach Stilllegung des Betriebes im Drittland erfolgen; die Investitionsgüter dürfen nach Annahme des Antrages innerhalb der ersten zwölf Monate weder verliehen, verpachtet usw. noch veräußert werden.

*k. **Gegenstände erzieherischen, wissenschaftlichen oder kulturellen Charakters** sowie wissenschaftliche Instrumente und Apparate können von Einfuhrabgaben befreit sein, wenn*

- *sie in Anhang I der Verordnung genannt sind (z. B. Vorlagen für Bücher); ohne Rücksicht auf den Empfänger;*
- *sie in Anhang II genannt sind und sie entweder a) durch öffentliche oder gemeinnützige Einrichtungen oder Anstalten eingeführt werden oder b) durch die in Anhang II in Spalte 3 genannten Institutionen (z. B. Rundfunkanstalten) eingeführt werden.*
- *sie für öffentliche, gemeinnützige oder auch private Einrichtungen bestimmt sind, deren Haupttätigkeit Lehre und wissenschaftliche Forschung ist und in der EG kein gleichartiges Gerät hergestellt wird. Ersatzteile, Mess- und Prüfgeräte gehören ebenfalls dazu.*

Insgesamt gelten hier strenge Vorschriften, die beachtet werden müssen.

*l. **Tiere** für **Laborzwecke** und biologische und chemische Stoffe für Forschungszwecke, wenn sie für Lehre und Forschung benutzt werden, sind abgabenfrei.*

*m. **Therapeutische Stoffe menschlichen Ursprungs** sowie Reagenzien zur Bestimmung der Blut- oder Gewebegruppen sind abgabenfrei, wenn*

- *sie für eine von den Behörden anerkannten Institution eingeführt werden,*
- *im Herkunfts-Drittland eine Konformitätsbescheinigung ausgestellt wurde und*
- *sie in einem Behältnis mit besonderem Etikett eingeführt werden.*

Die Befreiung gilt auch für die Umschließungen.

s. ***Waren, zur Absatzförderung*** *eingeführt. Hierunter fallen:*
   - *Warenmuster und -proben von geringem Wert (z. Z. bis 50,- Euro pro Stück),*
   - *Werbedrucke, und -gegenstände, wenn sie eindeutig nur zu Werbezwecken verwendbar sind,*
   - *auf Ausstellungen oder ähnlichen Veranstaltungen ge- oder verbrauchte Waren. Hierunter fallen:*
     - *kleine Muster und Proben zur unentgeltlichen Abgabe an Besucher in*
     - *»Kleinstmengen« (kleiner als kleinste handelsübliche Größe),*
     - *Waren und Werkstoffe, die bei Vorführungen verbraucht oder vernichtet werden,*
     - *Werbedrucke, Prospekte, Kataloge usw.*

t. ***Erprobungswaren*** *zu Prüfungs-, Analyse oder Versuchszwecken. Sie müssen vollständig verbraucht bzw. evtl. anschließend vernichtet werden.*

u. ***Sendungen an Patentschutzstellen.*** *(z. B. Zeichnungen, Pausen usw.)*

v. ***Werbematerial für den Fremdenverkehr,*** *sofern hierin nicht mehr als 25% Geschäftsreklame enthalten ist.*

w. ***Amtliche Dokumente,*** *Informationsträger, Akten, Zeichnungen, Vordrucke, Pressefotografien. Hierunter sind insbesondere Dokumentationsmaterial und Datenträger zu verstehen (also z. B. Disketten mit Daten – nicht mit Programmen).*

Ebenfalls zollfrei sind **Rückwaren**, das heißt Waren, die sich im freien Verkehr der EG befunden oder aus Veredelungserzeugnissen eines aktiven Veredelungsverkehrs bestanden haben. Eine vorübergehende oder endgültige Ausfuhr muss geplant gewesen sein. Geregelt ist die Zollfreistellung von Rückwaren in der **VO EWG Nr. 754/76.** Die Anmeldung zum freien Verkehr als Rückware muss spätestens **drei Jahre** nach der ursprünglichen Ausfuhr erfolgen. Vom Beteiligten sind der Nachweis der Ausfuhr und insbesondere der Nachweis der Nämlichkeit (z. B. Ausfuhrnachweise mit Ausfuhrbegleitdokument, Seriennummern usw.) zu erbringen.

Ist nur eine vorübergehende Ausfuhr geplant (z. B. zu Reparaturzwecken), sollten Sie sich schon bei der Ausfuhr von den Behörden einen Nämlichkeitsnachweis bescheinigen lassen.

4.2.9 Zollschuldner

Wer einen Zollantrag oder eine Zollanmeldung im eigenen Namen abgibt, wird Zollschuldner. In der Regel entsteht die Schuld mit dem Bescheid der Zollbehörde bzw. bei Selbstberechnern mit dem Einreichen der Einfuhrabgabe.

Eine Zollschuld kann aber auch entstehen, wenn Waren

- vorschriftswidrig in das Zollgebiet oder
- aus einer Freizone oder einem Freilager in einen anderen Teil des Zollgebiets gebracht werden.

Darüber hinaus entsteht eine Zollschuld, wenn

- Waren der zollamtlichen Überwachung entzogen werden, z. B. im Zollversand oder im Rahmen anderer Nichterhebungsverfahren,
- Pflichten im Rahmen eines Zollverfahrens nicht erfüllt werden, z. B. wenn ein Lkw statt zur Bestimmungszollstelle direkt zum Empfänger fährt,
- die Voraussetzungen für die Überführung in ein Zollverfahren nicht vorhanden waren oder
- Waren in einer Freizone oder in einem Freilager genehmigungswidrig verbraucht oder verwendet werden.

In all diesen Fällen kann der Zollbeteiligte zur Zahlung der Einfuhrabgaben herangezogen werden. Darüber hinaus kann es – je nach Ursache – auch noch Bußgelder oder Strafen geben.

4.2.10 Abgabenerhebung und Vereinfachungsverfahren

Wie wir zu Beginn des Kapitels 4.2 in einem Ablaufschema dargestellt haben, muss man prinzipiell zunächst die Einfuhrabgaben entrichten und kann dann erst über die Ware verfügen. Das ist aber nicht unbedingt »wirtschaftsfreundlich« und würde den Warenfluss verlangsamen. Deshalb lassen die Zollbehörden eine Reihe von Vereinfachungsverfahren zu:

Aufschubverfahren

Das **Aufschubverfahren** muss jedem gewährt werden, der Sicherheiten, z. B. eine Bankbürgschaft, eine Grundschuld usw., geleistet hat. Der Aufschubnehmer erhält einen oder mehrere Aufschubnehmerausweise einem Ausweis der unterschriftsberechtigten Personen. Mit diesen Aufschubnehmerausweisen kann er an jeder Zollstelle abfertigen und aufschieben lassen, bis die Höhe seines Kontingents (Sicherheit) erschöpft ist. Das Kontingent soll der voraussichtlichen monatlichen Zollhöhe ohne EUSt entsprechen.

Es darf nicht überschritten werden, wenn der Aufschubnehmer die Sicherheit erhöht oder die Differenz in bar zahlt. Ansonsten werden dem Aufschubnehmer die auflaufenden Zölle bei der Bundeskasse debitiert. In der Zollanmeldung ist ein »E« für eigenen Aufschub einzutragen. Wird monatlich aufgeschoben, sind die fälligen Beträge bis zum **16. des Folgemonats** zu entrichten. Im Durchschnitt werden die Einfuhrabgaben für einen Monat – so sieht es der Zollkodex vor – gestundet.

Vereinfachungsverfahren

> **Merkblatt 0520**
> *Die Vereinfachungen beziehen sich auf die Anzahl der in der Zollanmeldung anzugebenden Daten, auf die Vorlage von Unterlagen bei der Abfertigungszollstelle oder den Ort der Abfertigung. Sie haben grundsätzlich keine Auswirkungen auf die Durchführung von zollamtlichen Kontrollen. Bei einer entsprechenden Bewilligung können die Angaben der Anmeldung für die in einem bestimmten Zeitraum eingeführten Waren in einer einzigen ergänzenden Zollanmeldung zusammengefasst und die Einfuhrabgaben in einer Summe entrichtet werden.*

Man unterscheidet zwischen
- der unvollständigen Zollanmeldung (UZA),
- dem vereinfachten Anmeldeverfahren (VAV) und
- dem Anschreibeverfahren (ASV).

Die Verfahren werden in der Regel bewilligt, wenn sie insgesamt der Vereinfachung dienen und Zollbelange nicht beeinträchtigt werden. Kontrollen müssen möglich sein.
- Bei einer unvollständigen Zollanmeldung kann ein unvollständig ausgefüllter Antrag von den Zollbehörden für die Abfertigung zum zoll- und steuerrechtlich freien Verkehr angenommen werden, obwohl einige Daten noch offen sind. Die folgenden Mindestdaten müssen aber vorhanden sein:
  - die exakte Warenbezeichnung,
  - bei wertzollpflichtigen Waren der Zollwert und
  - alle sonstigen Angaben, welche zur Feststellung der Warennämlichkeit und die Anwendung der Vorschriften über die Überführung in den zollrechtlich freien Verkehr wichtig sind.

    Alle Angaben sind den Zollbehörden spätestens innerhalb eines Monats nach Annahme der Zollanmeldung nachzureichen. Diese Frist gilt auch für eventuell fehlende Unterlagen.
- Die Voraussetzungen für ein vereinfachtes Anmeldeverfahren sind, dass
  - der Antragsteller häufig Waren einführt,
  - der Antragsteller die Gewähr für die ordnungsgemäße Abwicklung des Verfahrens bietet,
  - die Übersichtlichkeit gewahrt bleibt,
  - Zollbelange nicht beeinträchtigt werden,
  - Hindernisse (z. B. des AWG und der Verbote und Beschränkungen) nicht entgegenstehen und

- die Zulassung des vereinfachten Anmeldeverfahrens insgesamt der Vereinfachung dient.
  Zum vereinfachten Anmeldeverfahren zugelassen wird ein Zollbeteiligter durch einen eigenen Antrag (Vordruck 0500, Antrag auf Bewilligung eines vereinfachten Verfahrens). Hierfür zuständig ist das Hauptzollamt, in dessen Bezirk der Antragsteller seine Bücher oder Aufzeichnungen führt oder führen lässt.
  Alle Waren, die zum Verfahren zugelassen sind, werden im Zulassungsantrag bezeichnet; sollten neue hinzukommen, müssen sie nachgemeldet werden – spätestens mit Abgabe der Sammelzollanmeldung. Außerdem werden die Abfertigungszollstellen und die Abrechnungszollstellen im Antrag benannt.
  Vom Zollbeteiligten ist eine Sicherheit in Höhe der Einfuhrabgaben, die durchschnittlich in 1,5 Monaten bzw. bei Kaffeesteuer in 2,5 Monaten entstehen, zu leisten. Ist der Zollbeteiligte zum Vorsteuerabzug berechtigt, wird die EUSt nicht in die Berechnung mit einbezogen.
  Der Abrechnungszollstelle muss ein steuerlicher Beauftragter (§ 214 AO) benannt werden. Mit der Zulassung werden dem Zulassungsinhaber Auflagen erteilt.

- Beim Anschreibeverfahren gelten als Voraussetzungen, dass
  - der Gestellung ein **Versandverfahren** (siehe Kapitel 5.1) vorausgegangen und
  - der Antragsteller ein **zugelassener Empfänger** (ZE) ist.
    Die Gestellung erfolgt bei diesem Verfahren am **Übergabeort**, also nicht am Amtsplatz der Zollstelle, sondern in der Regel auf dem Gelände des Unternehmens. Dabei hat der zugelassene Empfänger die folgenden Pflichten:
    1. Nach EG-Recht hat er eine Eingangsanzeige innerhalb der in der Bewilligung vorgegebenen Frist abzugeben und die Versandscheinexemplare, z. B. T1 oder Carnet T. I. R. (siehe Kapitel 5.1) unverzüglich der Abfertigungszollstelle zuzusenden.
    2. Er hat zu gestellen und eine Gestellungsmitteilung (SumA) zu machen.

    Ansonsten gelten die gleichen Voraussetzungen wie für das vereinfachte Anmeldeverfahren.

Beim vereinfachten Anmeldeverfahren und bei der unvollständigen Zollanmeldung ist es außerdem möglich, die Waren direkt in den Betrieb des Empfängers zu verbringen. Das ist beim Anschreibeverfahren als zugelassener Empfänger ja auch so (siehe Kapitel 5.1).

4.2.11 Erlass und Erstattung von Einfuhrabgaben

Unter bestimmten Voraussetzungen können die Einfuhrabgaben auch erlassen bzw. erstattet werden. Geregelt ist dies in den Artikeln 116 ff. des Zollkodex. Unter Erstattung versteht man die teilweise oder vollständige Rückzahlung bereits entrichteter

Einfuhrabgaben. Erlass meint den teilweisen oder vollständigen Verzicht auf bereits buchmäßig erfasste Abgaben, z. B. auf einem Aufschubkonto.

Nichtbestehen einer Zollschuld oder Berechnung höherer als der gesetzlich geschuldeten Abgaben

Die Abgaben können erlassen oder erstattet werden, wenn nachgewiesen wird, dass

- keine Zollschuld entstanden ist,
- die Zollschuld erloschen ist oder
- die gesetzlich zu erhebenden Abgaben aus irgendeinem Grund überstiegen wurden.

Der Antrag auf Erstattung bzw. Erlass muss innerhalb von **drei Jahren** nach der buchmäßigen Erfassung erfolgen. Stellen die Zollbehörden selbst eine Zuvielberechnung fest, müssen sie von Amts wegen erlassen bzw. erstatten.

Irrtümlich zum zollrechtlich freien Verkehr angemeldete Waren

Hierunter ist zu verstehen, dass man die Waren irrtümlich zum freien Verkehr angemeldet hat, obwohl sie in einen **besonderen Zollverkehr,** z. B. in ein Lagerverfahren oder ein Veredelungsverfahren, gelangen sollten. Hier ist der Antrag **innerhalb von drei Monaten** nach der buchmäßigen Erfassung zu stellen. Es ist dann aber nachzuweisen, dass

- die Waren nicht anders als zum vorgesehenen Verkehr verwendet wurden,
- die Waren ursprünglich für einen besonderen Zollverkehr vorgesehen waren und die erforderlichen Voraussetzungen erfüllen,
- die Nämlichkeit der Waren gesichert ist.

Die Waren müssen dann unverzüglich zum neuen Zollverfahren angemeldet werden. Wurden sie aus der Gemeinschaft ausgeführt, ohne dass eine solche Anmeldung zum neuen Verfahren erfolgt ist, können die Abgaben, wenn die genannten Voraussetzungen erfüllt sind und weder grob fahrlässig noch betrügerisch gehandelt wurde, dennoch erlassen werden. Entsprechende Exportnachweise müssen erbracht und evtl. ausgestellte Warenverkehrsbescheinigungen zurückgegeben werden.

Vom Einführer zurückgewiesene Waren, die schadhaft sind oder den Vertragsbedingungen nicht entsprechen

Erhält ein Einführer schadhafte oder nicht vertragsgerechte Ware, können die Einfuhrabgaben ebenfalls erlassen bzw. erstattet werden, wenn die Ware aus diesem Grunde vom Einführer zurückgewiesen wird. Das gilt auch dann, wenn der Schaden auf dem Transport oder bei der Zollstelle entstanden ist.

Der Antrag auf Erlass bzw. Erstattung ist **innerhalb von zwölf Monaten** zu stellen.

Die Waren müssen dann unter zollamtlicher Aufsicht entweder wieder ausgeführt, vernichtet oder zerstört werden (Eröffnung des externen Versandverfahrens, Überführung in ein Zoll- oder Freilager oder in eine Freizone ist ebenso zulässig).

Außerdem ist nachzuweisen, dass

- die Waren bereits zum Zeitpunkt der Freigabe schadhaft waren,
- die Waren nicht verwendet wurden (es sei denn, der Mangel wurde erst bei der Verwendung festgestellt),
- die Nämlichkeit der Waren gesichert ist.

Ist die Wiederausfuhr, Vernichtung oder Zerstörung ohne zollamtliche Überwachung erfolgt, gilt hier das Gleiche wie bezüglich der irrtümlich zum zollrechtlichen freien Verkehr angemeldeten Waren.

Bei einer Teilwiederausfuhr wird der Unterschiedsbetrag erstattet bzw. erlassen.

Erlass oder Erstattung in Sonderfällen

Die Einfuhrabgaben können auch erlassen bzw. erstattet werden, wenn ein Nachweis über das Vorliegen eines der folgenden Sonderfälle erbracht werden kann:

- Die Waren wurden von einem befugten Anmelder in den freien Verkehr überführt, konnten aber aus unvorhergesehenen Gründen nicht an den Empfänger geliefert werden.
- Die Waren wurden vom Absender irrtümlich an den Empfänger geliefert.
- Die Waren sind wegen einer offensichtlichen Falschbestellung für den Empfänger ungeeignet.
- Nach der Freigabe wird festgestellt, dass die Ware nicht den geltenden Bestimmungen entspricht.
- Die Verwendung der Ware war aufgrund eines behördlichen Erlasses nach der Freigabe nicht mehr für ihren ursprünglichen Zweck verwendbar.
- Aus Gründen, die der Antragsteller nicht zu vertreten hat, konnte eine beantragte Befreiung von Einfuhrabgaben nicht erfolgen.
- Der Empfänger hat die Waren erst nach Ablauf einer bindend vorgeschriebenen Lieferfrist erhalten.
- In der EG unverkäufliche Ware wird unentgeltlich an Wohlfahrtseinrichtungen geliefert, sofern diese entweder in Drittländern ihren Sitz mit einer Vertretung in der EG haben oder in der EG beheimatet sind und für diese Waren ohnehin eine Zollfreistellung erhalten würden.

Der Antrag auf Erlass bzw. Erstattung muss in diesen Fällen innerhalb von **drei Monaten** nach der Erfassung gestellt werden. Die üblichen Regularien wie Nichtverwendung, Nachweise usw. (s. o.) sind einzuhalten.

Darüber hinaus kann ein Erlass bzw. eine Erstattung auch in einigen Fällen erfolgen, wenn der Beteiligte nicht in betrügerischer Absicht oder offensichtlich fahrlässig gehandelt hat.

4.2.12 Rechtsbehelfe und Verjährung

Wie bei jedem Steuerbescheid kann ein **Rechtsbehelf** (Widerspruch) **innerhalb eines Monats** eingelegt werden (siehe hierzu auch Kapitel 4.2.9). Die **Verjährungsfrist** beträgt **drei Jahre**. Deshalb werden im Außenhandel tätige Firmen meist alle zwei Jahre einer Prüfung unterzogen.

5 Besondere Verfahren

Neben der Abfertigung zum freien Verkehr gibt es eine Vielzahl von anderen, für die Wirtschaft sinnvollen Zollverfahren, bei denen – zunächst – keine oder verminderte Abgaben zu entrichten sind. Der Zollkodex der Gemeinschaft nennt den Versand, die Lagerung, die Verwendung und die Veredelung. Diese Verfahren gelten teilweise sowohl für Einfuhr- als auch für Ausfuhrverfahren bzw. für Kombinationen von beiden. Sie haben für die Industrie und den Handel unterschiedliche Bedeutung und werden deshalb im Folgenden unterschiedlich intensiv behandelt. Zu beachten ist, dass ein Unternehmen, das diese Verfahren in mehreren EU-Staaten beantragen und anwenden will, sich über das 2017 eingeführte Trader-Portal elektronisch erfassen lassen muss. Dies soll der Transparenz und der Vereinfachung dienen.

5.1 Zollversandverfahren

Unter einem Zollversandverfahren versteht man die Beförderung von Waren über mehrere Staatsgrenzen hinweg mit nur einem einzigen Dokument, und damit ohne einzelstaatliche Verfahren. Auch innerhalb eines Staates kann ein solches Verfahren notwendig sein, wenn z. B. ein Container mit unverzollter Ware von einem Seehafen zu einem Bestimmungsort befördert wird, an dem die weitere Zollabwicklung stattfinden soll. In der Praxis werden solche Versandverfahren meist von Speditionen eröffnet. Sie können aber auch von jedem anderen Unternehmen beantragt werden.

5.1.1 Unionsversand

Das Unionsversandverfahren (früher: gemeinschaftliches Versandverfahren) ist innerhalb des Europäischen Wirtschaftsraums und der Schweiz anwendbar. Man unterscheidet zwischen dem **internen** Versandverfahren **T2** für **Unionsware** (Freigut) und dem **externen** Versandverfahren **T1** für **Nichtunionsware** (Zollgut). Sie sind für jeden Verkehrsträger anwendbar.

Die Eröffnung eines Unionsversandverfahrens erfolgt durch den **Hauptverpflichteten**, der für die ordnungsgemäße Durchführung des Verfahrens und letztendlich auch für ggf. anfallende Abgaben bei einer nicht ordnungsgemäßen Durchführung haftet. Das kann sowohl der Verkäufer als auch ein Spediteur sein. Inzwischen können diese Verfahren nur noch elektronisch über das ATLAS-System beantragt werden, entweder über ein entsprechendes Programm oder über das Internet auf der Seite Internetzollanmeldung.de. Der Hauptverpflichtete muss – sofern er kein zuverlässiger Wirtschaftsbeteiligter ist – eine Sicherheit für eventuell anfallende Abgaben leisten.

Das geschieht meist mit einer Gesamtbürgschaft, Einzelbürgschaften und Pauschalbürgschaften sind aber auch möglich.

Das T2-Verfahren für Freigut hat an Bedeutung verloren. Es wird nur noch angewendet, wenn der Transport von der EU in die EU über einen Drittstaat, z. B. von Deutschland über die Schweiz nach Italien, oder von der EU in einen EFTA-Staat, z. B. von Deutschland nach Norwegen, erfolgt. Umgekehrt wird norwegische Ware mit einem T1-Verfahren nach Deutschland transportiert, weil die Ware ja kein Freigut der EU ist – dazu wird sie erst nach der Abfertigung zum freien Verkehr. Damit die Ware in Norwegen oder in Deutschland zollfrei ist, muss bei der Abfertigung eine Warenverkehrsbescheinigung EUR.1 vorliegen (siehe Kapitel 3.2.2 und 3.3.2).

Ablauf des Verfahrens

Der Hauptverpflichtete beantragt das Verfahren bei seiner Versandzollstelle auf elektronischem Weg mithilfe seiner Software oder über Internetzollanmeldung.de[26]. Durch die Vergabe einer MRN und eine Nämlichkeitssicherung (i. d. R. Plomben, Siegel, Fotos, angestempelte Rechnungen u. a.) wird das Verfahren eröffnet. Die Ware geht mit einem PDF-Ausdruck des T-Papiers auf die Reise. Erfolgt der Transport über Drittstaaten, wird bei jedem Grenzübertritt die MRN erfasst, um ggf. feststellen zu können, wo die Ware verschwunden ist. Das Verfahren wird dann an der vorgesehenen und im T-Dokument festgehaltenen Bestimmungszollstelle gestellt und das Versandverfahren beendet. In der Regel muss das Verfahren innerhalb einer Woche nach Antragstellung beendet sein. Kürzere Fristen können vorgeschrieben werden, Verlängerungen sind ebenfalls möglich. Eine eventuell geleistete Sicherheit wird nach der Beendigung des Verfahrens wieder frei.

Ein anschließendes weiteres Zollverfahren muss innerhalb einer Frist von 20 Tagen erfolgen.

Erleichterungen

In diesem Verfahren gibt es eine Reihe von Erleichterungen. Zu den wichtigsten Erleichterungen gehört die Ernennung von **zugelassenen Versendern** und **zugelassenen Empfängern**. Der zugelassen Versender darf das Verfahren ohne Mitwirkung der Zollbehörden eröffnen und notwendige Nämlichkeitssicherungen, z. B. zugelassene Plomben wie Tyden Seals und Mini Break Away Seals, an der Ware anbringen. Auf der anderen Seite darf der zugelassene Empfänger das Verfahren ohne direkte Mitwirkung der Zollbehörden beenden und eventuell angebrachte Nämlichkeitssicherungen von der Ware entfernen. Natürlich müssen die Belange der Zollbehörden immer gewahrt bleiben, d. h., dass eine Kontrolle oder Beschau immer möglich sein muss. Deshalb

26 Siehe https://www.versand.internetzollanmeldung.de/iva/content.do.

wird in der Genehmigung genau festgehalten, in welchem Zeitfenster z. B. abgefertigt werden darf. Der zugelassene Empfänger hat seine zuständige Zollstelle bei Erhalt der Ware unverzüglich zu informieren und Dokumente und entfernte Plomben in vorgegebenen Zeitabständen – z. B. wöchentlich – bei den Zollbehörden einzureichen.

In der Praxis werden diese Zollversandverfahren meist von Speditionen eröffnet, dennoch gibt es auch etliche Industrieunternehmen, die selbst zugelassene Versender (und Empfänger) sind und die Verfahren auch selbst eröffnen. Letztlich ist das eine Frage der Häufigkeit der Inanspruchnahme, der Praktikabilität und der Kosten.

Beispiel: T1 und T2

!

Sie verkaufen Unionsware nach Bern in die Schweiz. Die Ware wird deshalb bis zum Zielort mit einer T2 befördert. Damit sie in der Schweiz zollfrei ist, muss die Ware auch von einer EUR.1 begleitet werden.
Versendet der Berner schweizerische Ware nach Deutschland, wird das T1-Verfahren verwendet. Es handelt sich dann ja um Nichtunionsware. Aber auch die Nichtunionsware wird von einer EUR.1 begleitet bzw. einer Ursprungserklärung auf der Handelsrechnung, damit sie in Deutschland zollfrei ist. Die Ursprungseigenschaft berührt nicht das Versandverfahren. Lässt ein deutscher Verkäufer aber z. B. chinesische Ware, die sich im freien Verkehr befindet, über die Schweiz nach Italien befördern, wird die Ware von einer T2 begleitet, die dem italienischen Zoll gleichzeitig signalisiert, dass sich die Ware im freien Verkehr befindet und somit zollfrei ist. Die T2 hat also zugleich die Funktion einer Warenverkehrsbescheinigung.

5.1.2 Das Carnet-T. I. R.-Verfahren

Das Carnet-T. I. R.-Verfahren (International Road Transport Union) ist ein Verfahren, das nur von **Lkw**-Unternehmern für den grenzüberschreitenden Transport beantragt werden kann, sofern der Abgangsstaat und/oder der Bestimmungsstaat außerhalb der EG liegt, also z. B. für einen Lkw-Transport von Frankfurt nach Moskau oder umgekehrt. Das Verfahren wird vom Lkw-Unternehmer beantragt, die Haftung für das Verfahren liegt beim bürgenden Verband[27].

Auf eine Darstellung des Ablaufs dieses Verfahrens wird hier verzichtet, weil die Industrie und der Handel es nicht selbst eröffnen können. Wichtig ist, dass das Verfahren weltweit in sehr vielen Staaten angewendet werden kann, sofern zumindest ein Teil der Strecke per Lkw zurückgelegt wird. Ein in Deutschland eröffnetes Carnet T. I. R. hat in der Regel eine Gültigkeit von zwei Monaten. Dann muss das Verfahren beendet sein. Fahrzeuge, die in diesem Verfahren befördern, sind vorne und hinten durch blaue Tafeln mit der weißen Aufschrift »T. I. R.« gekennzeichnet.

27 In Deutschland bürgt der Bundesverband Güterverkehr und Logistik (BGL).

5.1.3 Das Carnet-A. T. A.-Verfahren

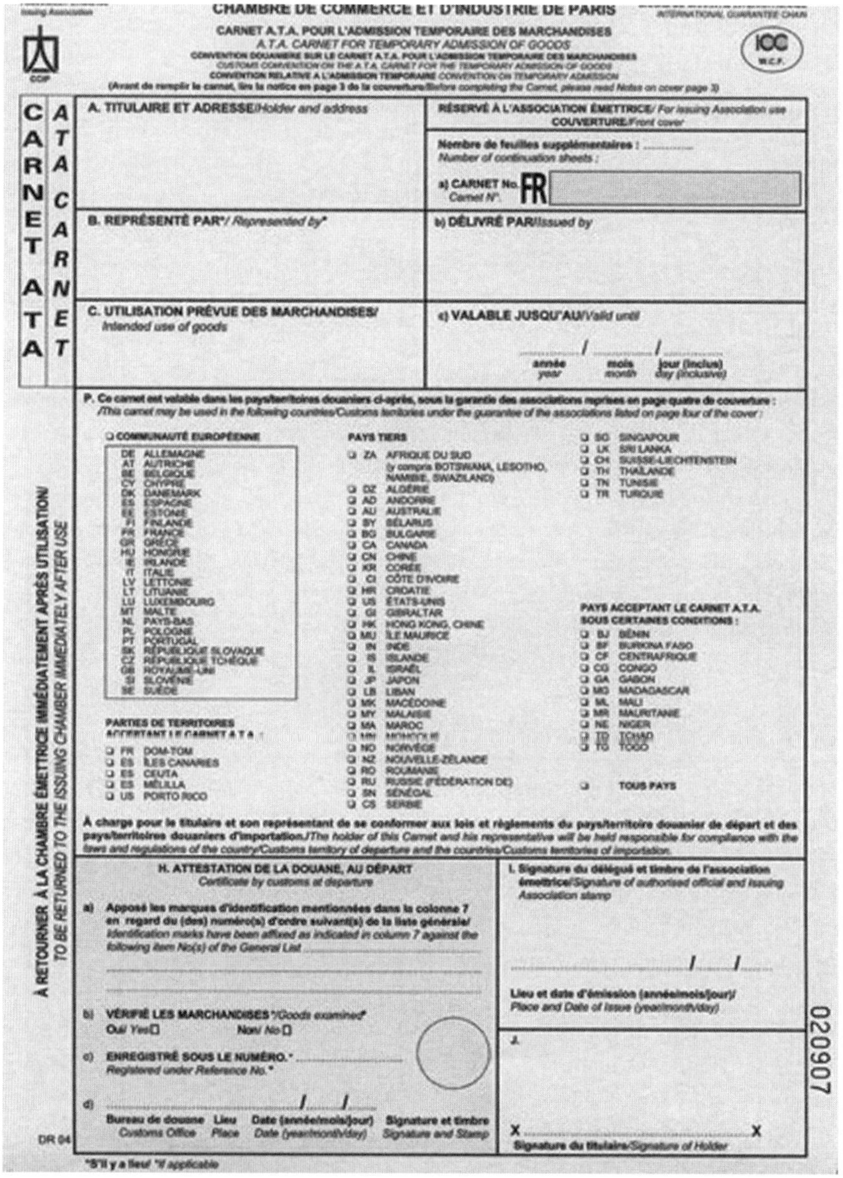

CHAMBRE DE COMMERCE ET D'INDUSTRIE DE PARIS

CARNET A.T.A. POUR L'ADMISSION TEMPORAIRE DES MARCHANDISES
A.T.A. CARNET FOR TEMPORARY ADMISSION OF GOODS

CONVENTION DOUANIÈRE SUR LE CARNET A.T.A. POUR L'ADMISSION TEMPORAIRE DES MARCHANDISES
CUSTOMS CONVENTION ON THE A.T.A. CARNET FOR THE TEMPORARY ADMISSION OF GOODS
CONVENTION RELATIVE A L'ADMISSION TEMPORAIRE *CONVENTION ON TEMPORARY ADMISSION*
(Avant de remplir le carnet, lire la notice en page 3 de la couverture/*Before completing the Carnet, please read Notes on cover page 3*)

ICC W.C.F.

CARNET ATA / ATA CARNET

A. TITULAIRE ET ADRESSE/*Holder and address*

RÉSERVÉ À L'ASSOCIATION ÉMETTRICE/*For issuing Association use*
COUVERTURE/*Front cover*

Nombre de feuilles supplémentaires : ....
Number of continuation sheets :

a) CARNET No. FR
Carnet N°.

B. REPRÉSENTÉ PAR*/*Represented by**

b) DÉLIVRÉ PAR/*Issued by*

C. UTILISATION PRÉVUE DES MARCHANDISES/
Intended use of goods

c) VALABLE JUSQU'AU/*Valid until*
......./......./.......
année *year* / mois *month* / jour (inclus) *day (inclusive)*

P. Ce carnet est valable dans les pays/territoires douaniers ci-après, sous la garantie des associations reprises en page quatre de couverture :
/*This carnet may be used in the following countries/Customs territories under the guarantee of the associations listed on page four of the cover :*

❑ COMMUNAUTÉ EUROPÉENNE
DE ALLEMAGNE
AT AUTRICHE
BE BELGIQUE
CY CHYPRE
DK DANEMARK
ES ESPAGNE
EE ESTONIE
FI FINLANDE
FR FRANCE
GR GRÈCE
HU HONGRIE
IE IRLANDE
IT ITALIE
LV LETTONIE
LT LITUANIE
LU LUXEMBOURG
MT MALTE
NL PAYS-BAS
PL POLOGNE
PT PORTUGAL
SK RÉPUBLIQUE SLOVAQUE
CZ RÉPUBLIQUE TCHÈQUE
GB ROYAUME-UNI
SI SLOVÉNIE
SE SUÈDE

PARTIES DE TERRITOIRES ACCEPTANT LE CARNET A.T.A. :
❑ FR DOM-TOM
❑ ES ÎLES CANARIES
❑ ES CEUTA
❑ ES MÉLILLA
❑ US PORTO RICO

PAYS TIERS
❑ ZA AFRIQUE DU SUD (y compris BOTSWANA, LESOTHO, NAMIBIE, SWAZILAND)
❑ DZ ALGÉRIE
❑ AD ANDORRE
❑ AU AUSTRALIE
❑ BY BÉLARUS
❑ BG BULGARIE
❑ CA CANADA
❑ CN CHINE
❑ KR CORÉE
❑ CI CÔTE D'IVOIRE
❑ HR CROATIE
❑ US ÉTATS-UNIS
❑ GI GIBRALTAR
❑ HK HONG KONG, CHINE
❑ MU ÎLE MAURICE
❑ IN INDE
❑ IS ISLANDE
❑ IL ISRAËL
❑ JP JAPON
❑ LB LIBAN
❑ MK MACÉDOINE
❑ MY MALAISIE
❑ MA MAROC
❑ MN MONGOLIE
❑ NO NORVÈGE
❑ NZ NOUVELLE-ZÉLANDE
❑ RO ROUMANIE
❑ RU RUSSIE (FÉDÉRATION DE)
❑ SN SÉNÉGAL
❑ CS SERBIE
❑ SG SINGAPOUR
❑ LK SRI LANKA
❑ CH SUISSE-LIECHTENSTEIN
❑ TH THAÏLANDE
❑ TN TUNISIE
❑ TR TURQUIE

PAYS ACCEPTANT LE CARNET A.T.A. SOUS CERTAINES CONDITIONS :
❑ BJ BÉNIN
❑ BF BURKINA FASO
❑ CF CENTRAFRIQUE
❑ CG CONGO
❑ GA GABON
❑ MG MADAGASCAR
❑ ML MALI
❑ MR MAURITANIE
❑ NE NIGER
❑ TD TCHAD
❑ TG TOGO

❑ TOUS PAYS

À charge pour le titulaire et son représentant de se conformer aux lois et règlements du pays/territoire douanier de départ et des pays/territoires douaniers d'importation./*The holder of this Carnet and his representative will be held responsible for compliance with the laws and regulations of the country/Customs territory of departure and the countries/Customs territories of importation.*

H. ATTESTATION DE LA DOUANE, AU DÉPART
Certificate by customs at departure

a) Apposé les marques d'identification mentionnées dans la colonne 7 en regard du (des) numéro(s) d'ordre suivant(s) de la liste générale/ *Identification marks have been affixed as indicated in column 7 against the following item No(s) of the General List* ....

b) VÉRIFIÉ LES MARCHANDISES*/*Goods examined**
Oui/ *Yes* ☐ Non/ *No* ☐

c) ENREGISTRÉ SOUS LE NUMÉRO.* ....
*Registered under Reference No.**

d) ..../......./.......
Bureau de douane *Customs Office* Lieu *Place* Date (année/mois/jour) *Date (year/month/day)* Signature et timbre *Signature and Stamp*

I. Signature du délégué et timbre de l'association émettrice/*Signature of authorised official and issuing Association stamp*
......./......./.......
Lieu et date d'émission (année/mois/jour)/ *Place and Date of Issue (year/month/day)*

J.
X X
Signature du titulaire/*Signature of Holder*

À RETOURNER À LA CHAMBRE ÉMETTRICE IMMÉDIATEMENT APRÈS UTILISATION/ *TO BE RETURNED TO THE ISSUING CHAMBER IMMEDIATELY AFTER USE*

DR 04

020907

*S'il y a lieu/ *If applicable*

Abb. 31: Carnet A. T. A.

Das Carnet-A. T. A.-Verfahren (Admission Temporaire/Temporary Admission) ist ein Zollverfahren für die vorübergehende Einfuhr (bzw. auch für die vorübergehende Ausfuhr). Es ist zurzeit in 73 Staaten, die der Internationalen Handelskammer angehören, anwendbar und wird verwendet, wenn der Wareneigentümer seine Waren nur vorübergehend in ein Drittland ausführen will, um sie anschließend wieder in das Abgangsland zurückzuholen, also z. B. Stände und Ausstellungsgüter für Messen, evtl. Arbeitsgeräte für Montagen in Drittländern, Kunstausstellungen, Tourneen, Roadshows u. Ä.

Das Carnet A. T. A. ist bei der zuständigen **IHK** durch den Wareneigentümer zu beantragen und hat in der Regel eine **Gültigkeit von einem Jahr**. Weil es für die Industrie und den Handel sehr bedeutsam ist, wird sein Ablauf im Folgenden ausführlich dargestellt.

Ablauf des Verfahrens
Zunächst müssen Sie von der zuständigen IHK ein Antragsformular und ein Versandscheinheft besorgen und ausfüllen. Dabei müssen Sie darauf achten, dass das Heft – außer den grundsätzlich notwendigen Stammblättern – pro vorgesehenem Grenzübertritt – die EG selbst gilt als ein Zollgebiet mit einer Zollaußengrenze – zwei Einlageblätter enthält. Auf den Webseiten der IHK können Sie die Dokumente downloaden. Dort finden Sie auch ausführliche Ausfüllanleitungen. Sie sollten vorher genau überlegen, wie lange Sie das Carnet für wie viele Ausstellungen nutzen wollen. Auf dem Manifest listen Sie alle mitgeführten Waren auf, das gleiche gilt für die Blätter für den Grenzübertritt. Haben Sie alles ordnungsgemäß ausgefüllt, beantragen Sie das Carnet bei der zuständigen IHK und zahlen eine Gebühr, die sich nach dem Wert der aufgelisteten Waren richtet. Damit ist in Deutschland eine Art Versicherung für eine Bürgschaft durch die Euler Hermes Deutschland AG in Hamburg abgedeckt. Anschließend eröffnen Sie das Verfahren bei der zuständigen Zollstelle unter Gestellung der Waren, sofern keine Gestellungsbefreiung vorliegt.

Danach können die Waren zum (ersten) Bestimmungsort befördert werden, sowohl durch eigene Fahrzeuge als auch durch von Speditionen eingesetzte Frachtführer. Das Carnet muss die Waren begleiten. An der EU-Außengrenze und jeder weiteren Grenze wird nun abgefertigt. Schon die eröffnende Zollstelle hat ein Blatt entnommen und auf einem zurückbleibenden Anschnitt abgestempelt (weißes Blatt). Beim Verlassen der EU wird genauso verfahren: Stempel auf den (grünen) Abschnitt, ein Blatt wird herausgerissen, die Ausfuhr ist damit bestätigt. Der Grenzbeamte des nächsten Lands, z. B. der Türkei, verfährt ebenso: Abstempeln, herausreißen. So geht das weiter, bis die Ware innerhalb eines Jahrs wieder ins Ausgangsland zurückkommt. Die Zollstelle beendet dann das Verfahren und das Carnet wird der IHK zurückgegeben.

Sollten Grenzübertritte außerhalb der Zolldienstzeiten vorgesehen sein, müssen Sie zusätzliche (blassblaue) Blätter für eine vorläufige Abfertigung einfügen. Die endgültige (Einfuhr-)Abfertigung muss dann noch am Zielort erfolgen.

!

Auf den Punkt gebracht

- Das Unionsversandverfahren ist im Europäischen Wirtschaftsraum und in der Schweiz für alle Verkehrsträger zulässig. Der Hauptverpflichtete bürgt für seine ordnungsgemäße Durchführung. Das Verfahren muss i. d. R. innerhalb einer Woche beendet sein.
- Das Carnet-T. I. R.-Verfahren ist nur für Lkw-Transporte mit Beginn und/oder Ende außerhalb der EG zulässig. Es muss innerhalb von zwei Monaten beendet sein.
- Das Carnet-A. T. A.-Verfahren wird vom Wareneigentümer für die vorübergehende Aus- bzw. Einfuhr eröffnet und ist weltweit in Staaten anzuwenden, die der Internationalen Handelskammer angehören. Die Ware muss i. d. R. spätestens nach einem Jahr wieder an der Abgangszollstelle eintreffen.

5.2 Zolllagerverfahren

In Zolllagern können Waren eingelagert werden, ohne Einfuhrabgaben zu entrichten. Auch in der Zeit zwischen der Beendigung eines Versandverfahrens T1 und der Abfertigung zum freien Verkehr befindet sich die Ware in einem sog. Verwahrungslager, das sich an einem beliebigen Ort befinden kann. In einem »richtigen« Zolllager kann die Ware aber für längere Zeit verbleiben. Manchmal kann sie dort sogar bearbeitet werden. Festgelegt ist das in den Art. 237 ff. ZK.

Es gibt sechs Typen von Zolllagern. Drei davon sind öffentlich, drei privat. Da in den Zollkodex die Wünsche aller EU-Staaten eingegangen sind, sind die Verfahren in den einzelnen Staaten unterschiedlich wichtig.

Zu den **öffentlichen** Zolllagern gehören:

- Typ A: Typ-A-Zolllager können von jedermann genutzt werden. Die Ware wird unter der Verantwortung des Lagerhalters eingelagert. Ein Beispiel für ein Typ-A-Zolllager ist das Zolllager einer Airline: Sie trägt die Verantwortung für die Ware, die sie für ihre Kunden eingelagert hat.
- Typ B: Auch die Zolllager des Typs B können von jedermann genutzt werden. Die Waren werden aber unter der Verantwortung des Einlagerers eingelagert.
- Typ F: Typ-F-Zolllager (sog. Zollniederlagen) werden von der Zollbehörde verwaltet. Sie sind von geringer Bedeutung.

Zu den **privaten** Zolllagern gehören:

- Typ C: Typ-C-Zolllager sind nur für Waren des Lagerhalters bestimmt. Der Lagerhalter und der Einlagerer sind ein und dieselbe Person, die jedoch nicht Eigentümerin der Ware sein muss. Folglich kann nicht nur ein Importeur ein solches Lager betreiben, sondern z. B. auch ein Spediteur. In einem Typ-C-Lager eingelagerte Ware kann anschließend nur komplett weiterbehandelt werden, weil die Beschaffenheit, der Wert und die Stückzahl der Ware nicht erfasst werden.

- Typ D: Auch für Typ-D-Zolllager gilt, dass sie nur für Waren des Lagerhalters bestimmt sind. Folglich ist auch hier der Lagerhalter und der Einlagerer ein und dieselbe Person, die jedoch nicht Eigentümerin der Ware sein muss. Indes muss bei der Einlagerung die Beschaffenheit, der Zollwert und die Menge der Ware festgestellt werden. Dieser Zolllagertyp ist für den Handel und die Industrie der wichtigste und wird – nach dem früheren deutschen Zollrecht – häufig auch als »offenes Zolllager« bezeichnet. Eine detaillierte Darstellung folgt gleich im Anschluss an diese Auflistung.
- Typ E: Typ-E-Zolllager entsprechen im Wesentlichen den Typ-C-Zolllagern, allerdings muss die Ware nicht in einem Zolllager gelagert werden – sie »vagabundiert«. Dieser Typ spielt – wegen der schwierigen Überwachung – in Deutschland keine Rolle.

Lagertyp D – das »offene Zolllager«
Wirtschaftlich hat der Zolllagertyp D die folgenden Funktionen:
- Das Lager ist ein Kreditlager, weil die Einfuhrabgaben erst nach der Entnahme in den freien Verkehr entrichtet werden,
- es ist ein Transitlager, wenn z. B. ein Reexport geplant ist und
- es ist ein Vorschaltlager, wenn man z. B. noch nicht genau weiß, in welches andere Verfahren die Ware überführt werden soll.

Solche Zolllager werden – nach Antragstellung – bewilligt, wenn hierfür ein wirtschaftliches Bedürfnis besteht (siehe oben) bzw. wenn der Antragsteller ein sicherer Wirtschaftsbeteiligter ist. Die Lagerstätten müssen deutlich gekennzeichnet, aber nicht zollsicher sein, weil der Lagerinhaber für die Abgaben haftet, für die er eventuell Sicherheit leisten muss. Es können auch mehrere Lagerstätten genehmigt werden, wenn dadurch die zollamtliche Überwachung nicht erschwert wird. Der zugelassene Ort wird als Verwahrungslager bezeichnet. Der Lagerhalter ist dafür verantwortlich, dass die Waren nicht der zollamtlichen Überwachung entzogen werden, sämtliche Pflichten erfüllt und alle Bedingungen eingehalten werden.

Ablauf des Verfahrens

Bei der Einfuhr der Waren wird – genau wie bei der Abfertigung zum freien Verkehr (Verfahren 4000) – ein Zollantrag über das ATLAS-System gestellt; es wird lediglich ein anderes Verfahren (7100) beantragt. Hierbei kann es sich um Einzelanmeldungen, Sammelanmeldungen oder um rein buchmäßige Erfassungen handeln. Heute wird in der Regel mit dem Zolllager das Anschreibeverfahren bewilligt. Alles andere wie Zollwertermittlung, Einreihung usw. bleibt gleich. Ein Unterschied besteht allerdings: Während man bei einer Abfertigung zum freien Verkehr alle Waren mit einer Tarifnummer zusammenfassen kann, muss jetzt pro Artikel ein Feld ausgefüllt werden, damit klar ist, ob z. B. ein Fernsehgerät mit 100 oder mit 140 cm Bildschirmdiagonale – und damit mit unterschiedlichen Zollwerten – das Lager wieder verlässt. Die notwendigen Unterlagen (Rechnungen usw.) müssen beim Zoll eingereicht werden.

Nach der Annahme des Antrags müssen die Waren unverzüglich und unverändert in das Zolllager verbracht werden. Das bedeutet auch, dass dieser Antrag die Bedingungen des Versandscheins erfüllt. Wird z. B. am Frankfurter Flughafenzoll ein solcher Antrag gestellt und das Lager befindet sich in Gießen, kann die Ware als Zollgut von Frankfurt nach Gießen befördert werden, ohne dass ein T1-Verfahren eröffnet werden muss. Bei der Einlagerung selbst ist die Ware zu erfassen – wie bei jedem anderen Lager auch.

Ist die Ware eingelagert, hat sie im Prinzip denselben Status wie vor der Einfuhr: Sie können jederzeit entscheiden, ob Sie die Ware – auch teilweise – zum freien Verkehr oder zu einem Nichterhebungsverfahren abfertigen wollen. Also können Sie die Ware – neben der Verzollung – auch zum Reexport mit einem T1-Verfahren, zur vorübergehenden Verwendung oder zu irgendeinem anderen Verfahren abfertigen. Auch eine Veredelung im Zolllager ist statthaft, wenn sie genehmigt wurde.

Entnahmen in den freien Verkehr

Über die Ware kann jederzeit ohne Zollabfertigung verfügt werden – wie bei jeder freien Lagerware auch. Die Entnahmen müssen registriert werden. Erst zu Beginn des nächsten Monats muss eine Zahlungsanmeldung erfolgen (in der Regel im vereinfachten Verfahren), und zwar bis zum dritten Werktag, sofern die Behörden die Abgaben berechnen sollen. Bis zum 10. des Folgemonats haben Sie Zeit, wenn Sie selbst die Einfuhrabgaben berechnen. Die Zahlung hat dann bis zum 16. des Folgemonats zu erfolgen – wie bei einem Zahlungsaufschub. Wichtig ist: **Der Zollwert wird zum Zeitpunkt der Einlagerung festgestellt, der Zollsatz zum Zeitpunkt der Auslagerung!** Das macht es Ihnen z. B. möglich, dass Sie die Ware erst dann verzollen können, wenn ein neues Kontingent eröffnet wurde (siehe Kapitel 5), wodurch Sie einen günstigeren Zollsatz erreichen.

Darüber hinaus können Waren auch – sofern das in der Genehmigung bewilligt wurde – vorübergehend aus dem Lager entfernt werden. Wurde z. B. eine vierwöchige Entfernung genehmigt, können Sie die Ware ohne Zollformalitäten testen lassen, auf einer Messe ausstellen usw. Sie müssen lediglich die Entnahme, den Aufenthaltsort und die Wiedereinlagerung vermerken. Ist ja auch problemlos: Wird die Ware nämlich z. B. auf einer Messe gestohlen, haftet ja ohnehin der Lagerinhaber für die Abgaben.

Anschluss anderer Zollverfahren

Wird die Ware in andere Zollverfahren überführt, entstehen keine Einfuhrabgaben. Allerdings müssen Sie diesen Umstand den Zollbehörden durch eine einwandfreie Dokumentation nachweisen. Jedes der zu Beginn von Kapitel 5 genannten Verfahren ist möglich.

!

Beispiel: Reexport

Ein Importeur beliefert andere europäische Staaten. In diesem Fall ist es unerheblich, ob es sich um EU-Mitglieder handelt oder nicht: Der Importeur muss auf jeden Fall ein T1- oder ein Carnet-T. I. R.-Verfahren eröffnen und ein Ausfuhrbegleitdokument erstellen, und das auch innerhalb der EG, weil es sich um Drittlandsware handelt und eine Wertschöpfung in der EU stattgefunden hat (z. B. die Handelsspanne). Bei Weiterverkäufen innerhalb der EU ist es üblicherweise sinnvoll, dass der Verkäufer eine Entnahme in den freien Verkehr durchführt (mit Zahlungsanmeldung) und eine innergemeinschaftliche Versendung vornimmt, weil sonst der Käufer eine höhere Zollbelastung allein deshalb hat, weil ihm als Einkaufsrechnung nicht die ursprüngliche Handelsrechnung vorliegt, sondern nur die mit einer Handelsspanne erstellte Rechnung des Verkäufers. Dennoch kann es sein, dass z. B. ein französischer Käufer die Ware unverzollt kaufen möchte, weil er die Ware seinerseits weiter nach Algerien verkaufen will und somit eine Verzollung in der EU nutzlos wäre.

Bei Reexporten müssen Sie außerdem beachten, dass für die Ware niemals eine Ursprungserklärung oder -bescheinigung erstellt werden darf. Die Ware ist und bleibt nämlich Drittlandsware.

Eine **aktive Veredelung** (siehe Kapitel 5.3) kann innerhalb oder außerhalb des Zolllagers stattfinden.

!

Beispiele: Aktive Veredelung

- Ein Elektronikimporteur lässt auf die Geräte in seinem Lager die neueste Software aufspielen. Das erhöht zwar den Wert der Ware, nicht aber deren Zollwert, der ja bei der Einfuhr festgestellt wurde.
- Ein Importeur von chinesischen Quarzuhrwerken liefert die Uhrwerke unverzollt an einen Uhrenhersteller, der sie in Stiluhren einbaut und in die Vereinigten Staaten ausführt. Die Ausfuhr muss nachgewiesen werden. Die Uhrwerke selbst wurden zwar in der EG verarbeitet, sind aber nicht im Zollgebiet der EG verblieben und bleiben somit abgabenfrei.

Die Ware kann auch in **vorübergehende** (oder bleibende) **Verwendung** (siehe Kapitel 5.6) überführt werden, etwa wenn sie an Botschaftsangehörige oder Streitkräfte geliefert wird, die dem NATO-Truppenstatut unterliegen. Es kann also sein, dass die Ware innerhalb Deutschlands oder der EG ausgeliefert wird. Vom Empfänger muss, neben der notwendigen Zulassung, ein Ablieferungsnachweis auf einem Vordruck verlangt werden, der der überwachenden Zollstelle des Zolllagers vorzulegen ist. In diesen Fällen ist davon auszugehen, dass die Ware irgendwann das Gebiet der EG auch wieder verlassen wird. Bei einem Weiterverkauf innerhalb der EG müssten aber Abgaben entrichtet werden.

Ebenso kann Ware zollfrei auch an Universitäten oder Forschungseinrichtungen geliefert werden, wenn es sich um Gegenstände wissenschaftlichen oder kulturellen Charakters handelt und sie nicht für kommerzielle Zwecke verwendet werden.

! **Beispiel: Zollfreie Lieferung an Universitäten**

Ein in der EU nicht erhältliches Messinstrument aus den USA wird an eine Universität geliefert, die dem Verkäufer die notwendige Bescheinigung geben kann. Sie erhält die Ware zollfrei. Mit der zweck- und fristgerechten Verwendung tritt die Ware in den freien Verkehr, der aber kontrolliert werden kann.

! **Beispiel: Endverwendung**

Ein südkoreanischer Hersteller sehr unterschiedlicher elektronischer und elektrischer Waren betreibt ein Zolllager vom Typ D in der Nähe von Hamburg. Von dort aus beliefert er Händler in der EU, der EFTA und in Osteuropa. Unterhaltungselektronik wird auch an Audio-Klubs von NATO-Streitkräften geliefert und an Angehörige von Botschaften. Zudem gibt es Messgeräte, die nicht nur an Reparaturwerkstätten, sondern auch an Universitäten und Forschungseinrichtungen verkauft werden.
Zoll muss nur für die Entnahmen der Verkaufe in den EU-Bereich gezahlt werden. Die Reexporte in die EFTA und nach Osteuropa werden in ein Zollversandverfahren (T1 und Carnet T. I. R.) überführt und der Nachweis der Ausfuhr erbracht. Alle anderen Verkäufe verbleiben zwar im EU-Raum, sind aber zollfrei, wenn von den Abnehmern die entsprechenden Nachweise erbracht werden wie z. B. Abwicklungsscheine oder Formulare zu »Gegenständen erzieherischen, wissenschaftlichen oder kulturellen Charakters« usw. (siehe auch Kapitel 4.2.8).
Zoll ist eben Steuer: Wenn man den vollen Betrag zahlt, benötigt man keine Belege. Für jede Reduzierung muss ein Beleg her – aber es lohnt sich.

Fazit

Ein Zolllager ist für viele Industrie- und Handelsunternehmen eine sinnvolle Einrichtung, die zu geringeren Abgaben führen kann, zumindest aber die Abgaben erst dann entstehen lässt, wenn die Ware tatsächlich in der EG weiterverkauft wird. Darüber hinaus kann die Ware auch in jedes andere Zollverfahren überführt werden, und das ohne die Entrichtung von Abgaben. Das erfordert dann eine entsprechende Dokumentation. Für Waren, für die es keinen »Beleg« gibt, die aber im Zolllager fehlen, sind Einfuhrabgaben zu entrichten. Die Lager werden regelmäßig, z. B. halbjährlich, von den Behörden kontrolliert.

!

Tipp: Einfuhrabgaben legal reduzieren

Mit einem Zolllager können Sie Einfuhrabgaben völlig legal reduzieren. Haben Sie z. B. gleiche Waren aus mehreren Zugängen im Zolllager liegen, die aber bei der Zollanmeldung unterschiedlich hohe Zollwerte hatten, dann exportieren Sie nur aus den Zugängen mit den hohen Zollwerten, die mit den niedrigen Zollwerten entnehmen Sie statt dessen in den freien Verkehr. Wenn Sie über die Möglichkeiten nachdenken, fällt Ihnen vielleicht noch mehr ein.

5.3 Aktive Veredelung

Unter aktiver Veredelung versteht man die Behandlung und Verarbeitung von Nichtunionsware innerhalb der EU mit anschließender Wiederausfuhr. Die eingeführte Ware ist zollfrei, wenn ihre Wiederausfuhr nachgewiesen wird. Die Zollanmeldung erfolgt mit den Exemplaren 6 bis 8 des Einheitspapiers, einzeln im ATLAS-System oder mit dem vereinfachten Anmeldeverfahren oder dem Anschreibeverfahren.

Innerhalb einer bestimmten, von den Zollbehörden genehmigten Frist müssen die Waren bearbeitet und wieder ausgeführt werden. Dabei müssen Sie nachweisen, dass die ausgeführten Waren die nämlichen (identischen) wie die eingeführten sind oder diese enthalten, wie die im Rahmen des Zolllagers erwähnten chinesischen Quarzuhrwerke.

Da wir ein Hochlohnland sind, wir der aktive Veredelungsverkehr meist nur bei hoch technisierten Produkten angewendet oder auch bei Reparaturen.

5.4 Passive Veredelung

Unter passiver Veredelung versteht man die Be- und Verarbeitung von Unionsware in einem oder mehreren Drittländern mit Wiedereinfuhr in die EU. Die Abfertigung der Waren erfolgt hier auf jeden Fall mit dem Einheitspapier Blatt 6 bis 8, weil noch kein ATLAS-Modul vorliegt.

!

Beispiel: Passive Veredelung

Italienische Stoffe werden zum Zuschneiden und Nähen nach Thailand geliefert, mit Futterstoffen und Knöpfen ergänzt und anschließend in Deutschland eingeführt. Bei der Wiedereinfuhr ins EG-Gebiet wird die Ware zum freien Verkehr abgefertigt. Der Importeur kann nun mit Recht sagen, dass ein Teil der Ware – nämlich der Stoff – EG-Ursprungsware ist.

Bei einem genehmigten Verfahren erfolgt dann eine **Differenzverzollung**.

Art. 259 ZK

(1) In der passiven Veredelung können Unionswaren zur Durchführung von Veredelungsvorgängen vorübergehend aus dem Zollgebiet der Gemeinschaft ausgeführt werden. Die aus diesen Waren entstandenen Veredelungserzeugnisse können unter vollständiger oder teilweiser Befreiung von den Einfuhrabgaben in den zollrechtlich freien Verkehr übergeführt werden, und zwar auf Antrag des Bewilligungsinhabers oder einer anderen Person, die im Zollgebiet der Union ansässig ist, sofern diese Person die Zustimmung des Bewilligungsinhabers eingeholt hat und die Voraussetzungen der Bewilligung erfüllt sind.

Das bedeutet, dass der Zollbetrag, der für die Einfuhr der Anzüge zu zahlen ist, um den Betrag gemindert wird, der für die Einfuhr der Stoffe zu zahlen wäre.

Dieses etwas komplizierte Verfahren mit unterschiedlichen Zollsätzen hat man inzwischen durch die **Mehrwertmethode** vereinfacht. Man subtrahiert vom Zollwert der eingeführten Ware einfach den Wert der ausgeführten Ware. Auch das Veredelungsentgelt kann zugrunde gelegt werden.

Bei diesem Verfahren erfolgt eine strenge Überwachung. So hätte der Antragsteller des Anzugbeispiels bei den Zollbehörden nicht nur die Menge (in Quadratmetern) und den Wert der ausgeführten Stoffe festzulegen, sondern anhand von Schnittmustern auch zu belegen, wie viele Anzüge unterschiedlicher Größen aus einem Ballen Stoff gefertigt werden können. Nur diese Menge darf zollbegünstigt eingeführt werden.

Umgekehrt ist dieses Verfahren ja für Thailand ein aktiver Veredelungsverkehr, bei dem dieser Nachweis ebenfalls geführt werden muss. Die beim Zuschnitt entstehenden Abfälle gelten nach UN-Recht als Ursprungsware und müssen demnach nicht verzollt werden.

Ein »Antrag auf vorherige Bewilligung für die wirtschaftliche passive Veredelung (Textilien)« ist beim Bundesamt für Wirtschaft und Ausfuhrkontrolle zu stellen. Das Antragsformular können Sie sich im Internet unter bafa.de herunterladen.

Bei der Wiedereinfuhr der Waren wird in der Regel mit einem vereinfachten Verfahren zum freien Verkehr abgefertigt.

5.5 Verwendungsverkehre

5.5.1 Vorübergehende Verwendung

Bei diesem Verfahren können Nichtunionswaren in die EU verbracht, hier verwendet und wieder ausgeführt werden. Dieses Verfahren kommt in der Praxis so häufig vor, dass es meist formlos abgewickelt wird: Jeder z. B. russische Lkw oder jeder Seecontainer, der Ware befördert, ist selbst eine Ware, deren vorübergehende Verwendung (meist) formlos erfolgt (bei Containern wird die Containernummer beim Zollamt Hamburg-Waltershof erfasst).

Aber auch Handelsware kann eingeführt und vorübergehend verwendet werden z. B. auf Messen, Konzerttourneen usw. Hier ist eine Abfertigung mit einem Carnet A. T. A. möglich (siehe Kapitel 5.1.3) oder es erfolgt eine Abfertigung mit dem Einheitspapier Blätter 6 bis 8, wenn z. B. das Herkunftsland nicht der Internationalen Handelskammer angehört oder der Versender kein Carnet eröffnet hat. Die Abfertigung erfolgt wie eine Abfertigung zum freien Verkehr. Es wird lediglich ein anderes Verfahren beantragt und es fallen keine Einfuhrabgaben an, sofern die Ware innerhalb der vorgegebenen Frist wieder ausgeführt wird. Natürlich kann die Ware auch zum freien Verkehr abgefertigt werden, wenn sie z. B. auf dem Messestand verkauft wird. Die Wiederausfuhr wird dann durch die Abfertigung zum freien Verkehr ersetzt.

Wird mit der Ware ein wirtschaftlicher Nutzen erzielt, z. B. beim Einsatz von Baufahrzeugen, Bohrtürmen usw., sind pro Monat 3 Prozent des Betrags zu zahlen, der bei der Abfertigung zum freien Verkehr erzielt worden wäre.

Beispiel: Vorübergehende Verwendung !

Ein Fahrzeug im Wert von 200.000 EUR wird sechs Monate genutzt. Der Zollsatz für das Fahrzeug beträgt 10 Prozent; bei einer Abfertigung zum freien Verkehr wären also 20.000 EUR zu zahlen. Für die sechsmonatige Nutzung also 20.000 EUR x 3 Prozent x 6 (Monate) = 3.600,00 EUR Zoll. Daraus ergibt sich: Wenn ein Gegenstand knapp drei Jahre genutzt werden soll, ist es einfacher, ihn zum freien Verkehr abzufertigen.

5.5.2 Endverwendung

Sieht der Zolltarif unterschiedliche Zollsätze bei der Einfuhr je nach Verwendung der Ware vor, z. B. kann Kakaobutter für Lebensmittel und für kosmetische Zwecke verwendet werden, so wird die Verwendung der Ware mit dem günstigeren Zollsatz mit einem **Kontrollexemplar T5** (Einheitspapier) überwacht. Der Einführer muss die komplette Verarbeitung der Ware zu dem im Tarif vorgesehenen Zweck nachweisen bzw. die Ware nachweislich an eine andere Person verkaufen, die sie dazu verwendet. Siehe hierzu das Merkblatt 0275, das auf Zoll.de heruntergeladen werden kann.

6 Schlussbetrachtungen

Sie haben nun eine Fülle von Informationen erhalten, die Ihnen einen ersten Überblick verschaffen. Natürlich gibt es noch viele Facetten und Einzelheiten, die in diesem Schnelleinstieg nicht behandelt wurden. Umgekehrt werden Sie manches, was hier dargestellt wurde, erst beim zweiten oder dritten Lesen verstehen. Besser noch ist so manches Beispiel selbst nachzuvollziehen – Learning by Doing. Auf jeden Fall sind die Übungsaufgaben sinnvoll.

Wenn Sie Zollanmeldungen schreiben, sollten sie auf jeden Fall das Merkblatt zum Einheitspapier zur Hand haben – neben dem Handbuch für die von Ihnen genutzte Software.

Außerdem gilt die Regel, dass die Zollbehörden als staatliches Organ meist am längeren Hebel sitzen. Aber nicht jeder Zollbeamte ist immer im Recht. Wenn etwas anderes verlangt wird, als Sie es gelernt oder gelesen haben, fragen Sie den Beamten, wo Sie das nachlesen können. Manchmal ist dann die Diskussion zu Ende.

Und es gibt eine Reihe von Grauzonen, wo etwas genehmigt oder »durchgehen« kann. Da ist es immer gut, ein gutes Verhältnis zu den Behörden zu haben. Insgesamt ist die Zollabfertigung in den letzten Jahrzehnten immer einfacher und leichter geworden – Was? War das noch schlimmer? –, die Zollbehörden wirtschaftsfreundlicher. Und der Beitrag des Zolls zu unserer Sicherheit ist nicht unerheblich. Die Kontrollen sind meist zielgerichtet und notwendig.

Für viele noch offene Fragen ist die Website des Zolls eine gute Informationsquelle und viele Themen werden dort ausführlicher behandelt als in diesem Buch. Nutzen Sie diese Website auch in Ihrem Arbeitsalltag.

6.1 Export

Im Außenhandel ist der Export das leichtere Geschäft, weil keine Abgaben anfallen. Beachten müssen Sie nur das AWG und die Verbote und Beschränkungen, die aufgrund internationaler Vereinbarungen bestehen. Zu unterscheiden ist zwischen Versendung und Ausfuhr. Hier eine kurze Gegenüberstellung:

Sollten Sie Nichtunionsware innerhalb der EG unverzollt weiterverkaufen, müssen Sie wie bei einer Ausfuhr verfahren. Das sollten Sie aber nur auf ausdrücklichen Wunsch des Käufers tun, sonst ist es kostengünstiger und einfacher, die Ware verzollt als Unionsware zu verkaufen.

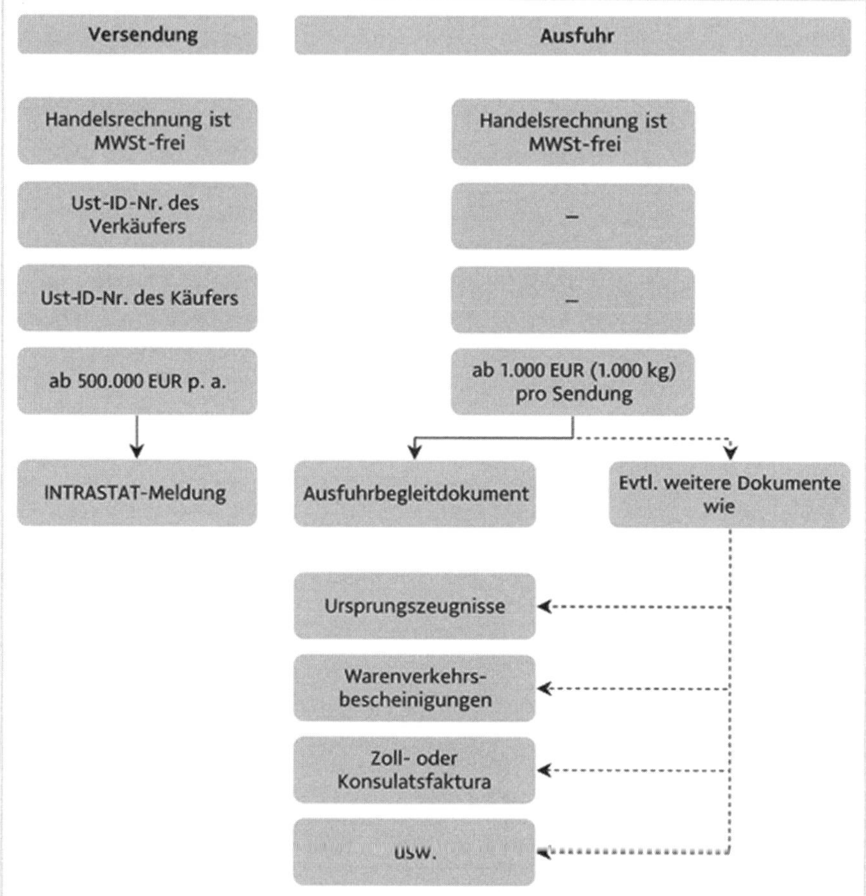

Abb. 32: Gegenüberstellung Versendung-Ausfuhr

!

Modellfälle für vom Verkäufer zu erstellende Zolldokumente

a) Sie verkaufen Unionsware nach **Spanien**: Keine Zolldokumente notwendig.

b) Sie verkaufen Unionsware mit Ursprungseigenschaften nach **Norwegen**: Ein Ausfuhrbegleitdokument und eine EUR.1 müssen vom Verkäufer erstellt werden. Bei Transporten wird mit dem Zollversandschein T2 befördert (Verkäufer oder Spediteur).

c) Verkauf in die **Türkei**: Für Unionsware wird ein Ausfuhrbegleitdokument und eine A.TR erstellt. Erfolgt der Transport per Lkw, wird ein Carnet T. I. R. erstellt (Spediteur).

d) In Deutschland produzierte Ware wird per Luftfracht nach **Südkorea** verkauft: Ausfuhrbegleitdokument und Ursprungserklärung auf der Handelsrechnung.

e) In Deutschland produzierte Ware wird nach **Saudi-Arabien** verkauft: Ausfuhrbegleitdokument und konsularisch beglaubigtes Ursprungszeugnis, evtl. Konsulatsfaktura – alle Dokumente müssen beglaubigt sein.

f) Verkauf nach Kanada: Ausfuhrbegleitdokument und Zollfaktura – verlangt der dortige Zoll und muss eigentlich vom Käufer angefordert werden.

Sie sehen: jeder Export kann andere Dokumente erfordern – eine genaue vorherige Prüfung ist erforderlich. Routine kommt später.

6.2 Import

Auch für den Import haben wir hier eine Gegenüberstellung für Sie vorgenommen:

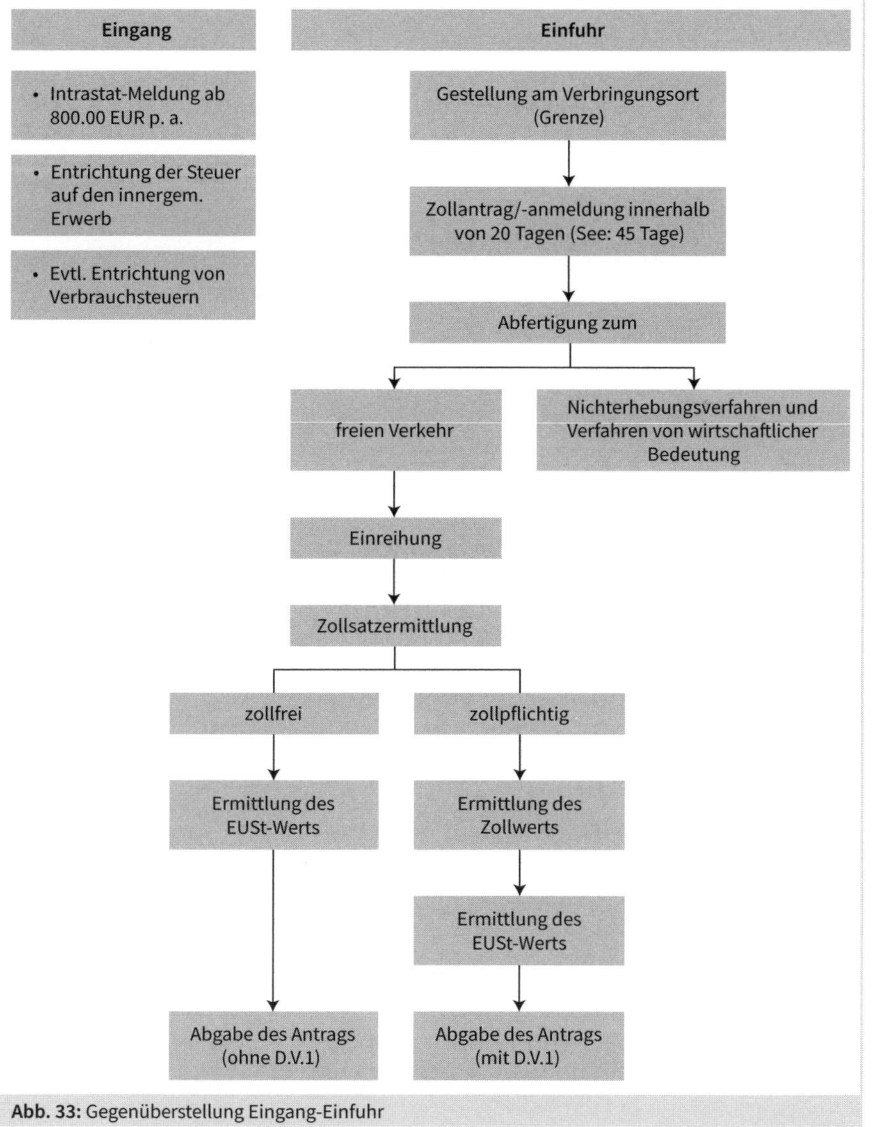

Abb. 33: Gegenüberstellung Eingang-Einfuhr

Der Einführer muss alle für die Einfuhrabgaben erheblichen Umstände angeben – wie bei jeder Steuererklärung. Bei der Einfuhr sind das Warenbeschreibungen mit zugehörigen Warennummern, bei Wertzöllen auch Zollwerte, Ursprungsländer und ggf. Umstände, die zu einer Zollermäßigung oder Zollfreiheit führen[28].

Abfertigung zum zoll- und steuerrechtlich freien Verkehr
Der zu entrichtende Zollbetrag kann, muss aber nicht ermittelt werden, weil die Ermittlung auch von den Zollbehörden gemacht wird. So können Sie als EUSt-Wert einfach den Zollwert zuzüglich der innerhalb der EG entstandenen Kosten angeben. Bei der Ermittlung des EUSt-Betrags wird vom Zoll automatisch der zu entrichtende Zollbetrag eingerechnet. Das ist manchmal verwirrend, weil der ausgewiesene EUSt-Betrag nicht zum angegebenen EUSt-Wert »passt«, weil ja noch die Zölle mit einberechnet wurden.

Es gibt eine Reihe von Vereinfachungen bei der Anmeldung für Einführer mit großem Aufkommen. Das kann sowohl die Anmeldung, z. B. durch Anschreibung, als auch die Bezahlung, z. B. Zollaufschub, betreffen. Was für das eigene Unternehmen sinnvoll ist, sollten Sie mit dem zuständigen Hauptzollamt besprechen, das in der Regel sehr kooperativ ist.

Besondere Zollverfahren
Hierunter fallen die Zollversandverfahren, Zolllagerverfahren, aktiven und passiven Veredelungen, Verwendungsverkehre. Auch hier gilt wieder: Jedes Unternehmen muss selbst entscheiden, welche Verfahren es in Anspruch nehmen möchte oder vielleicht durch einen Dienstleister, z. B. einen Spediteur, erledigen lässt. Für den Handel und die Industrie ist vor allem das Zolllagerverfahren von großer Bedeutung, aber auch die anderen Verfahren finden häufiger Anwendung als man denkt.

Insgesamt
Je zuverlässiger ein Einführer arbeitet, desto mehr erleichtert ihm der Zoll die Arbeit und verzichtet zunehmend auf Kontrollen. Das kann dazu führen, dass manch einer an eine »Steuerverkürzung« denkt. Das kann bei Entdeckung nicht nur für den Vorfall teuer werden, sondern auch dazu führen, dass wieder jede einzelne Sendung kontrolliert wird – und das ist richtig teuer. Nicht durch illegale Tricks sollte man Abgaben sparen, sondern durch die legalen Möglichkeiten mit guten Zollkenntnissen.

Auch wenn besonders das Einfuhrverfahren recht aufwendig ist: Wenn Sie einmal Zeit investiert und das Thema verstanden haben, ist Zollabfertigung ein interessantes und vielfältiges Arbeitsgebiet.

28 Bei Gewichtszöllen: Das Gewicht muss ohnehin angegeben werden.

Anhang

Kurzübersicht Incoterms®

Klauseln, die **für alle Verkehrsträger** zulässig sind:

Incoterm®	Klausel (Beispiel)	Kostenübergang	Gefahrenübergang
EXW Ex works	Ab Werk Frankfurt	Bereitstellung und Kennzeichnung auf dem Grundstück des Verkäufers	Wenn die Ware auf dem Grundstück zur Verfügung gestellt ist.
FCA Free carrier	Frei Frachtführer Frankfurt	Übergabe an den ersten Frachtführer oder Agenten am benannten Ort	Übergabe an den ersten Frachtführer oder Agenten am benannten Ort
CPT Carriage paid to	Frachtfrei Madrid	Alle Transportkosten bis zum benannten Bestimmungsort	wie FCA
CIP Carriage, insurance paid to	Frachtfrei versichert New York	Alle Transport- und Versicherungskosten bis zum benannten Bestimmungsort	wie FCA
DAP Delivered at Place	Geliefert frei Trade Center Hongkong	Alle Transportkosten bis zum benannten Bestimmungsort	Mit Bereitstellung der Ware am vereinbarten Ort
DAT Delivered at Terminal	Geliefert frei Container-Terminal Shanghai	Alle Transportkosten bis zum benannten Terminal	Mit Bereitstellung der Ware am vereinbarten Terminal
DDP Delivered, duties paid	Geliefert und verzollt Durban	Alle Transportkosten, Einfuhrabgaben und Verzollungskosten zu Lasten des Verkäufers	Mit Bereitstellung der Ware am vereinbarten Bestimmungsort

Ausschließlich für die **Schifffahrt** sind die folgenden Incoterms® vorgesehen:

Incoterm®	Klausel (Beispiel)	Kostenübergang	Gefahrenübergang
FAS Free alongside ship	Frei Längsseite Seeschiff Hamburg	Am benannten Kai im Verschiffungshafen	Am benannten Kai im Verschiffungshafen
FOB Free on board	Frei an Bord Bremerhaven	An Bord verladen im Verschiffungshafen	An Bord verladen im Verschiffungshafen
CFR Cost and freight	Alle Kosten und Fracht bis Valparaiso	Alle vor Verladung bekannten Kosten und Fracht bis zum Bestimmungshafen	wie FOB
CIF Cost, insurance, freight	Alle Kosten, Versicherung und Fracht bis Dubai	Alle vor Verladung bekannten Kosten, Seetransportversicherung und Fracht bis zum Bestimmungshafen	wie FOB

Zu bemerken ist noch, dass bei einer Versicherungspflicht durch den Verkäufer (CIF und CIP) der Verkäufer verpflichtet ist, eine Versicherungssumme von 110 Prozent des CIF-Preises einzudecken. Auch bei allen anderen Incoterms® kann natürlich eine Transportversicherung von jedem Vertragspartner zur Deckung seines Risikos abgeschlossen werden.

Varianten des Brexits: Was folgt auf den Austritt Großbritanniens aus der EU?

Großbritannien hat den Austritt aus der EU zum 29. März 2019 beschlossen. Der mit der EU ausgehandelte Austrittsvertrag sah vor, dass Großbritannien bis 2020 Mitglied der Zollunion bleiben sollte, mit einer Option auf eine Verlängerung bis 2022 – abhängig davon, ob für die EU-Außengrenze zwischen der Republik Irland und der britischen Provinz Nordirland eine Lösung gefunden wird (Backstop). Da zur Drucklegung des Buches noch keine Zustimmung des britischen Parlaments erfolgt ist, sondern nur die Ablehnung des bisher ausgehandelten »Deals«, können hier nur mögliche Szenarien dargestellt werden.

Was bedeutet dies?

- Der Handel mit Großbritannien ist kein Intrahandel mehr, sondern Extrahandel. Daher ist im Export ein ABD (Ausfuhr) erforderlich, im Import erfolgt eine Zollabfertigung (Einfuhr).
- Zölle werden nach dem vorliegenden Vertrag keine erhoben, da Großbritannien vorerst Mitglied der Zollunion bleibt (vergleichbar mit dem Status der Türkei).

- An die Stelle der Steuer auf den innergemeinschaftlichen Erwerb tritt die EUSt.
- Großbritannien muss alle Regeln der EU beachten, hat aber kein Mitspracherecht mehr.

Mögliche Varianten für die Zukunft

1. Vorschlag der britischen Regierung
   Die britische Regierung hatte eine Freihandelszone zwischen der EU und Großbritannien vorgeschlagen, ohne dass Großbritannien der Zollunion angehören sollte. Auf dieser Grundlage hätte Großbritannien autonom Zollsätze festsetzen können. Das hätte das Problem Nordirland zwar gelöst, aber einen enormen Überwachungsaufwand erfordert, weil man kontrollieren müsste, ob die eingeführten Waren im jeweiligen Zollgebiet verbleiben. Ansonsten wäre es möglich gewesen, Waren immer über das Zollgebiet einzuführen, das den günstigeren Zollsatz hat. Der Vorschlag war impraktikabel und wurde deshalb abgelehnt. Eine Freihandelszone besteht zwar mit der Türkei, allerdings ist die Türkei Mitglied der Zollunion.
2. EWR-Status
   Diese Variante würde zwar das Problem lösen, dass Großbritannien auch das EWR-Abkommen unterzeichnet hat und dafür eine Lösung gefunden werden muss, zwischen der Republik Irland und Nordirland würde aber eine EU-Außengrenze entstehen – mit den entsprechenden Kontrollpflichten und dem Risiko eines eventuellen Wiederaufflammens des Nordirlandkonflikts.
   Auf jeden Fall müsste ein Ursprungsnachweis in Form der EUR.1 vorgelegt bzw. eine Erklärung auf der Handelsrechnung abgegeben werden, wie dies bei neueren Abkommen üblich ist. Der Ausführer muss dann den Status »Registrierter Ausführer« (REX) haben.
3. Assoziierter Status
   Dieser Status ist ähnlich wie der EWR-Status. Assoziierungsverhandlungen müssten vorausgehen, um zu klären, welche Ursprungsregelungen gelten sollen. Dafür könnten jüngere Abkommen Modell stehen. Auf jeden Fall wäre auch hier ein Ursprungsnachweis wie bei 2. erforderlich.
4. Ungeordneter Ausstieg
   Sollte es auch in der Verlängerung zu keiner einvernehmlichen Lösung kommen, hätte Großbritannien den Status eines x-beliebigen Drittstaates (z. B. USA, Australien usw.); die üblichen Drittlandszollsätze kämen zur Anwendung.
5. Denkbar
   Da inzwischen in Großbritannien klar ist, welche Probleme der Brexit aufwirft, ist auch ein »Exit vom Brexit« durch eine erneute Volksabstimmung denkbar, zumal es ja um das »vereinigte Königreich« geht und nur die Engländer mehrheitlich für den Brexit gestimmt haben, nicht aber die (Nord-)Iren und die Schotten.

Nach Meinung des Autors sind die Varianten 4 und 5 die wahrscheinlichsten, weil sich zeigt, dass »Schwarz-Weiß-Lösungen« einfacher zu verstehen sind.

Glossar

Begriffe im Außenhandel nach AWG/AWV, EU, Außenhandelsstatistik und Zollrecht

Abgangszollstelle

Die Abgangszollstelle ist die Zollstelle, bei der das gemeinschaftliche Versandverfahren beginnt. Bei dieser Zollstelle muss der Hauptverpflichtete die Eröffnung des gVV beantragen (gemäß Zollkodex die Ausfuhrzollstelle).

ABD

Ausfuhrbegleitdokument, das der Ausführer von Waren bei jeder Ausfuhr von Waren in ein Drittland (Nicht-EG-Land) ab einem Wert von 1.000,00 EUR erstellen muss. Ab einem Wert von 3.000,00 EUR muss das ABD vom Zoll vorabgefertigt werden (zweistufiges Verfahren). Beim Versand von Unionsware innerhalb der EG entfällt dieses Dokument; an seine Stelle tritt eine INTRASTAT-Meldung; lediglich bei Verkäufen von Nichtunionswaren innerhalb der EG muss ebenfalls ein ABD erstellt werden.

AKM

Siehe Ausfuhrkontrollmeldung.

AKP (jetzt: MAR-Abkommen)

Über 70 Entwicklungsländer im afrikanischen, karibischen und pazifischen Raum, die bei der Einfuhr von gewerblichen und vielen landwirtschaftlichen Produkten in die EG Zollfreiheit genießen.

Aktive Lohnveredelung

Rechtsgeschäft, durch das sich ein Gebietsansässiger verpflichtet, im Wirtschaftsgebiet Waren eines Gebietsfremden zu bearbeiten oder zu verarbeiten.

AM

Ausfuhranmeldung, heute ABD.

A. T. A.

Admission Temporaire de Marchandises = Carnet (Zollbegleitscheinheft) für die vorübergehende Einfuhr.

ATLAS

Automatisiertes **T**arif- und **L**okales Zoll-**A**bwicklungs**s**ystem, IT-Verfahren für eine weitgehend automatisierte Zollabwicklung des kommerziellen Warenverkehrs mit Drittländern. Löst die bisherigen Systeme ALFA und DOUANE ab.

A.TR

Association Turquie = Warenverkehrsbescheinigung im Verkehr EG-Türkei-EG. Die A.TR bescheinigt lediglich, dass sich die Ware im freien Verkehr der EG bzw. der Türkei befindet, sie bescheinigt keinen Ursprung.

Ausführer

Ausführer ist der, der Waren in fremde Wirtschaftsgebiete verbringt oder verbringen lässt. Liegt der Ausfuhr ein Ausfuhrvertrag mit einem Gebietsfremden zugrunde, ist nur der gebietsansässige Vertragspartner Ausführer. Wer bei der Ausfuhr lediglich als Spediteur oder Frachtführer oder in einer ähnlichen Funktion tätig wird, gilt nicht als Ausführer.

Ausfuhr

Das Verbringen von Sachen und Elektrizität aus dem Wirtschaftsgebiet nach fremden Wirtschaftsgebieten. Dies ist die Definition des AWG. Zollrechtlich spricht man nur von Ausfuhr, wenn die Ware das Gebiet der EG verlässt. Exporte innerhalb der EG (innergemeinschaftlicher Handel) werden als Versendung bezeichnet.

Ausfuhrkontrollmeldung

Die zuständige Oberfinanzdirektion kann Ausführern, die ständig zahlreiche Sendungen ausführen und denen auf Antrag das Verfahren der Vorausanmeldung ihrer genehmigungsfreien Ausfuhren zugestanden worden ist, die Verwendung des Vordrucks »Ausfuhrkontrollmeldung« anstelle einer Ausfuhranmeldung gestatten, wenn bei dem betreffenden Ausführer die fortlaufende, vollständige und richtige Erfassung der Ausfuhrsendungen nach der Art des betrieblichen Rechnungswesens (insbesondere mithilfe einer elektronischen Datenverarbeitung) gewährleistet ist.

Ausfuhrliste

Enthält alle Waren, deren Ausfuhr verboten oder beschränkt ist. Die Ausfuhr bedarf einer Genehmigung durch das Bundesamt für Wirtschaft und Ausfuhrkontrolle bzw. durch die Bundesanstalt für Ernährung und Landwirtschaft.

Ausfuhrsendung

Warenmenge, die ein Ausführer gleichzeitig über dieselbe Ausgangszollstelle für dasselbe Käuferland nach demselben Verbrauchsland ausführt.

Ausfuhrvertrag

Rechtsgeschäft, durch das sich ein Gebietsansässiger zur Lieferung einer Ware nach fremden Wirtschaftsgebieten verpflichtet (AWG).

Ausfuhrzollstelle

Zuständige Zollstelle am Sitz des Ausführers. Dort wird z. B. die AM vorabgestempelt oder ein Versandverfahren eröffnet.

Ausgangszollstelle
Zollstelle, an der die Ware den Wirtschaftsraum der EG verlässt.

Außenhandel
Alle Import- und Exportgeschäfte zwischen dem Inland und dem Ausland. Grundsätzlich versteht man darunter den Austausch von Waren, Dienstleistungen und – im erweiterten Sinne – auch Kapital.

Außenwirtschaft
Bezeichnung für eine systematische Zusammenschau aller Probleme der Weltwirtschaft, der Außenhandels- und Währungspolitik unter dem Gesichtspunkt einer Ordnung der internationalen Wirtschaftsbeziehungen (Predöhl).

Außenwirtschaftsverkehr
Nach § 1 AWG der Waren-, Dienstleistungs-, Kapital-, Zahlungs- und sonstige Wirtschaftsverkehr mit fremden Wirtschaftsgebieten sowie der Verkehr mit Auslandswerten und Gold zwischen Gebietsansässigen.

AWG
Das Außenwirtschaftsgesetz regelt den Wirtschaftsverkehr mit dem Ausland (mit Einfuhrliste). Neueste Fassung von 2013.

AWV
Außenwirtschaftsverordnung. Durchführungsverordnung zum AWG (mit Ausfuhrliste).

Besondere Zollverkehre
Zu den besonderen Zollverkehren gehören die Zolllagerung, die aktive und passive Veredelung, das Unionsversandverfahren, die vorübergehende Verwendung und die Endverwendung.

Bestimmungszollstelle
Zollstelle, der die Waren zur Beendigung des gVV zu gestellen sind.

Carnet A. T. A.
Siehe A. T. A.

Carnet T. I. R.
Siehe T. I. R.

CETA
Das Comprehensive Economic and Trade Agreement (auch als »Canada-EU Trade Agreement« gelesen), ist ein europäisch-kanadisches Freihandelsabkommen, das teilweise im September 2017 in Kraft trat.

Drittland
Jedes Land, das nicht der EG angehört.

Drittlandswaren (auch Drittlandsgüter)
Waren, die in das Zollgebiet der EG eingeführt worden sind und sich noch nicht im zollrechtlich nicht überwachten freien Verkehr der EG befinden. Der korrekte Begriff nach dem Zollkodex ist allerdings Nichtunionswaren.

Dual-Use-Güter
Güter, die sowohl für zivile als auch für militärische Zwecke verwendet werden können. Dann bedarf es einer Ausfuhrgenehmigung oder einer Entscheidung, dass es keiner Genehmigung durch das Bundesamt für Wirtschaft und Ausfuhrkontrolle bedarf.

Durchfuhr
Beförderung von Sachen aus fremden Wirtschaftsgebieten durch ein Wirtschaftsgebiet, ohne dass die Sachen in den freien Verkehr des Wirtschaftsgebiets gelangen.

EG
Europäische Gemeinschaft. Nachfolge der EWG. Die EG ist die rechtliche Grundlage der 28 Mitgliedstaaten der Europäischen Union für: Zollunion und Binnenmarkt, Agrarpolitik, Strukturpolitik und Handelspolitik. Der Vertrag beinhaltet außerdem neue Regeln für die Wirtschafts- und Währungsunion, die Unionsbürgerschaft, Bildung und Kultur, Transeuropäische Netze, Verbraucherschutz, Gesundheitswesen, Forschung und Umwelt sowie für die Sozialpolitik.

EGKS
Europäische Gemeinschaft Kohle und Stahl (auch Montanunion). Vorläufer der Europäische Wirtschaftsgemeinschaft (EWG), die wiederum Vorläufer der EG ist.

Einführer
Einführer ist, wer Waren in das Wirtschaftsgebiet verbringt oder verbringen lässt. Liegt der Einfuhr ein Vertrag mit einem Gebietsfremden über den Erwerb von Waren zum Zwecke der Einfuhr (Einfuhrvertrag) zugrunde, so ist nur der gebietsansässige Vertragspartner Einführer. Wer lediglich als Spediteur oder Frachtführer oder in einer ähnlichen Stellung bei dem Verbringen der Waren tätig wird, ist nicht Einführer.

Einfuhr

Das Verbringen von Sachen und Elektrizität aus fremden Wirtschaftsgebieten in das Wirtschaftsgebiet; als Einfuhr gilt auch das Verbringen aus einem Zollfreigebiet, Zollausschluss oder Zollverkehr in den freien Verkehr des Wirtschaftsgebiets, wenn die Sachen aus fremden Wirtschaftsgebieten in das Zollfreigebiet, den Zollausschluss oder den Zollverkehr verbracht worden waren (AWG). Zollrechtlich spricht man von Einfuhr nur, wenn Waren aus Drittländern eingeführt werden. Bei Waren aus der EG spricht man vom Eingang.

Einfuhrabfertigung

Waren werden mit der Einfuhr in das Wirtschaftsgebiet Zollgut (Nichtunionsware); um in den freien Verkehr der EG zu gelangen, müssen sie durch eine Zollstelle abgefertigt werden. Die Abfertigung muss der Einführer bei einer Zollstelle mit der Einfuhranmeldung beantragen oder beantragen lassen. Dies ist auch auf elektronischem Weg mit dem IT-Verfahren ATLAS möglich.

Einfuhranmeldung

Mit der Einfuhranmeldung (z. B. auf dem Einheitspapier) entscheidet der Einführer über die zollrechtliche Bestimmung (z. B. Abfertigung zum freien Verkehr oder Nichterhebungsverfahren).

Einfuhrliste

Die Einfuhrliste enthält in ihrer Warenliste rund 9.000 Einzelpositionen. In Verbindung mit den Länderlisten A/B und C ist bei jeder Position zu entnehmen, ob die Einfuhr einer Genehmigung bedarf. Die Länderliste A/B umfasst alle Länder ausgenommen Staatshandelsländer. Die Länderliste C enthält die ehemaligen Staatshandelsländer des ehemaligen Ostblocks. Darüber hinaus gibt es noch die Listen D, E, F, G, H, I und K, die für verschiedene Warengruppen bzw. Verfahren (z. B. Transit) angewendet werden.

Einfuhrlizenz

Eine Einfuhrlizenz ist für die Einfuhr bestimmter Agrarerzeugnisse erforderlich, die den Vorschriften gemeinsamer Marktorganisationen oder Handelsregelungen der EG unterliegen, wenn solche Erzeugnisse aus Drittländern unmittelbar oder über einen anderen EG-Staat, in dem sie nicht in den freien Verkehr getreten sind, in den zollrechtlich freien Verkehr des Wirtschaftsgebiets gelangen.

Einfuhrsendung

Warenmenge, die an demselben Tage von demselben Lieferer an denselben Einführer abgesandt worden ist und von derselben Zollstelle abgefertigt wird.

Einfuhrumsatzsteuer

Die Einfuhrumsatzsteuer wird bei der Einfuhr in das deutsche Zollgebiet erhoben, um Wettbewerbsunterschiede zwischen inländischen und eingeführten Waren zu vermeiden. Deshalb gelten auch die gleichen Steuersätze wie bei der Mehrwertsteuer. Der Besitz des Originalbelegs über die zu entrichtende **EUSt** berechtigt den Importeur zum Vorsteuerabzug. Für Waren, die z. B. in Sammelladungen eingeführt werden, behält der Spediteur die Originalbelege, die von ihm bei der Zollstelle zu beschaffenden Ersatzbelege berechtigen den Importeur zum Vorsteuerabzug. Anstelle der Einfuhrumsatzsteuer trat im Binnenhandel der EG ab dem 1.1.1993 die Steuer auf den innergemeinschaftlichen Erwerb.

Einfuhrvertrag

Vertrag zwischen einem Gebietsansässigen und einem Gebietsfremden über den Erwerb von Waren zum Zwecke der Einfuhr.

Einheitspapier

Einheitliches Anmeldeformular für den gesamten grenzüberschreitenden Warenverkehr, also bei der Einfuhr (Einfuhranmeldung), auch bei gVV (Versandanmeldung), und bei der Ausfuhr (Ausfuhranmeldung). Wird in Papierform nur noch in einigen Anmeldefällen zugelassen, ansonsten ist eine Abwicklung über das ATLAS-System erforderlich. Sollte ATLAS ausfallen, ist die Papierform zulässig.

Einkaufsland

Das Land, in dem der Gebietsfremde ansässig ist, von dem der Gebietsansässige die Ware erwirbt. Dieses Land gilt auch dann als Einkaufsland, wenn die Waren an einen anderen Gebietsansässigen weiterveräußert werden. Liegt kein Rechtsgeschäft über den Erwerb von Waren zwischen einem Gebietsansässigen und einem Gebietsfremden vor, so gilt als Einkaufsland das Land, in dem die verfügungsberechtigte Person, die die Waren in das Wirtschaftsgebiet verbringt oder verbringen lässt, ansässig ist.

Elektronischer Zolltarif

Der elektronische Zolltarif hat den Deutschen Gebrauchszolltarif in Druckform abgelöst. Er wird sowohl in Form von CD-ROMs in ständig aktualisierter Form als auch in Onlineversionen beim Zoll (EZT-Online) oder der EU (TARIC) angeboten.

Erwerbsteuer

Siehe Steuer auf den innergemeinschaftlichen Erwerb.

EU

Europäische Union; sie ist ein politisches Gebilde ohne Rechtscharakter. Sie besteht aus drei Säulen: der Europäischen Gemeinschaft, der gemeinsamen Außen- und Sicherheitspolitik und der Zusammenarbeit bei der Innen- und Justizpolitik. Die

Rechtsform ist die EG (Europäische Gemeinschaft); rechtsverbindliche Verordnungen sind bis 1993 die auch jetzt noch gültigen EWG-Verordnungen bzw. seit 1994 die EG-Verordnungen. Inzwischen gilt die EU auch als Rechtsform. Neue Verordnungen werden dementsprechend als EU-Verordnungen bezeichnet.

Europäischer Wirtschaftsraum
Siehe EWR.

EWG
Europäische Wirtschaftsgemeinschaft, Vorläufer der EG.

EWR (Europäischer Wirtschaftsraum)
Abkommen zwischen EG und EFTA, um einen homogenen Europäischen Wirtschaftsraum zu schaffen. Ziele sind der freie Warenverkehr, die Freizügigkeit, der freie Dienstleistungsverkehr, der freie Kapitalverkehr, Wettbewerbsschutz und enge Zusammenarbeit in Bereichen wie Forschung und Entwicklung, Umwelt, Bildungswesen und Sozialpolitik. Neue Regeln zum freien Warenverkehr traten zum 1.1.1993 in Kraft.

Externes Versandverfahren
Zollversandverfahren für Nichtunionswaren zwischen zwei Orten der EU. Für eine Reihe »sensibler Waren« (hoch steuerbare bzw. mit hohen Ausfuhrerstattungen versehene Produkte aus dem Agrarsektor) ist ab dem 1.2.1996 eine Gesamtbürgschaft nicht mehr zulässig.

EZT
Siehe Elektronischer Zolltarif.

Gelangenheitsbescheinigung
2014 wurde die Gelangenheitsbescheinigung eingeführt. Das Dokument dient als Nachweis, dass eine Sendung einem Empfänger innerhalb der EU ausgeliefert und die Handelsrechnung zu Recht ohne Mehrwertsteuer ausgestellt wurde. Andere Nachweise wie unterschriebene Frachtbriefe oder weiße Spediteurbescheinigungen sind aber nach wie vor zulässig.

Gemeinschaftsrecht
Das Gemeinschaftsrecht ist ein Faktor, den alle innerhalb des gemeinsamen Markts Tätigen kennen und berücksichtigen müssen. EG-Recht, einschließlich der Wettbewerbsvorschriften, ist in allen Mitgliedstaaten – oft unmittelbar – anwendbar. Im Falle einer Kollision mit einzelstaatlichen Rechtsvorschriften hat das Gemeinschaftsrecht Vorrang.

Gemeinschaftswaren
Siehe Unionswaren.

Gemeinsamer Zolltarif
Siehe Harmonisiertes System.

Gemeinsames Versandverfahren
Siehe Unionsversandverfahren.

Gemeinschaftliches Versandverfahren
Siehe Unionsversandverfahren.

Gesamtbürgschaft
Wird beim gemeinschaftlichen Versandverfahren als Sicherheit für die Abgaben für mehrere Transporte vom Hauptverpflichteten bei der zuständigen Zollstelle hinterlegt.

Gestellung
Erfassung der Ware an der EG-Außengrenze oder bei Eröffnung oder Beendigung eines Zollverfahrens. Die Erfassung erfolgt mit der summarischen Anmeldung (ATLAS-Modul SumA).

GMO
Gemeinsame Marktordnung (für Agrarprodukte). Für bestimmte Waren werden in der EG Mindestpreise bezahlt (stärke-, milch- und zuckerhaltige Produkte).

Grenzübergangsstelle
Ausgangszollstelle aus der Gemeinschaft, wenn im Verlauf eines gVV die Sendung das Gebiet der Gemeinschaft über eine Grenze zwischen einem Mitgliedstaat und einem Drittland verlässt.

gVV
Siehe Unionsversandverfahren.

Harmonisiertes System (HS)
System zur Bezeichnung und Codierung der Waren des internationalen Handels. Ist am 1.1.1988 an die Stelle des Gemeinsamen Zolltarifs und des Warenverzeichnisses für die Außenhandelsstatistik getreten. Es wurde von der Weltzollorganisation entwickelt und in fast allen Staaten der Welt angewendet. Grundlage des Zolltarifs.

Hauptverpflichteter
Person, die selbst oder durch einen befugten Vertreter durch eine zollamtlich geprüfte Anmeldung die Abfertigung zum gemeinschaftlichen Versandverfahren beantragt und damit gegenüber den zuständigen Behörden die Haftung für die ordnungsgemäße Durchführung dieses Verfahrens übernimmt. Aus diesem Grunde hat der Hauptverpflichtete insbesondere die Pflicht, die Waren innerhalb der vorgeschriebenen Frist

unter Beachtung der von den zuständigen Behörden zur Nämlichkeitssicherung getroffenen Maßnahmen unverändert der Bestimmungszollstelle zu gestellen. Gegen diese Vorschrift wird häufig dadurch verstoßen, dass die Waren nicht der Bestimmungszollstelle gestellt, sondern unmittelbar dem Empfänger ausgeliefert werden. Dies kann zu empfindlichen Haftungsansprüchen des Fiskus gegenüber dem Hauptverpflichteten führen. Inzwischen kann allerdings auch der Warenführer oder der Empfänger zur Haftung herangezogen werden.

Herstellungsland
Das Herstellungsland ist bei der Einfuhr das Land, in dem die Ware vollständig gewonnen oder hergestellt worden ist oder ihre letzte wesentliche und wirtschaftlich gerechtfertigte Be- oder Verarbeitung erfahren hat.

Interner Unionsversand
Entfällt prinzipiell ab dem 1.1.1993 bei einem Versand innerhalb der EG. Ausnahmen sind der Versand über Drittländer (z. B. nach Italien über die Schweiz) und der Versand hoch steuerbarer Waren (Tabak, Alkohol usw.).

Intrahandel
Handel zwischen zwei EG-Staaten.

INTRASTAT
Statistische Meldung über den Warenverkehr von Unionswaren zwischen EU-Mitgliedstaaten. Die INTRASTAT-Meldung hat vom Verkäufer und vom Käufer zu erfolgen. Sie ist auf Formular, Datenträger oder online möglich. Die Meldungen haben erst ab einer bestimmten Umsatzschwelle zu erfolgen (Assimilationsschwelle zurzeit 500.000 EUR bei der Versendung, 800.000 EUR beim Eingang).

IT-Verfahren ATLAS
Siehe ATLAS.

Käuferland
Land, in dem der Gebietsfremde ansässig ist, der von dem Gebietsansässigen die Waren erwirbt

Kleinsendungen
Eine zollamtliche Behandlung durch eine Versandzollstelle ist bei Kleinsendungen im Werte bis zu 3.000,00 EUR nicht erforderlich.

Kontrollexemplar T Nr. 5
Eine zusätzliche Ausfertigung des gemeinschaftlichen Versandpapieres, das als Nachweis dazu dient, dass die in ihm aufgeführten Waren der angegebenen Ver-

wendung oder Bestimmung zugeführt worden sind. Es wird bei Warenbeförderungen sowohl innerhalb eines EG-Mitgliedstaats als auch innerhalb der Gemeinschaft verwendet. Nach zollrechtlichen Vorschriften kommt es für die Überwachung der zweckgebundenen Zollfreiheit oder -ermäßigung bei besonderer Verwendung der Waren in Betracht, nach dem Marktordnungsrecht vor allem für den Nachweis der Ausfuhr in Fällen, in denen Erstattungen in Anspruch genommen werden, und nach dem Außenwirtschaftsrecht für die innergemeinschaftliche Verbleibskontrolle bei ausfuhrbeschränkten Waren, z. B. bei Schrott und bei NE-Metallabfällen. Bei der Anwendung des Systems der Währungsausgleichbeträge dient das Kontrollexemplar als Beweis für die Erfüllung der Zollförmlichkeiten bei der Einfuhr in den betreffenden Mitgliedstaat.

Lieferantenerklärung
Zur Erleichterung bei der Beantragung der Warenverkehrsbescheinigung durch Ausführer, die nicht selbst Hersteller der Waren sind, wurde mit der EWG-Verordnung Nr. 1908/73 vom 4. Juli 1973 (in der Fassung nach VO (EWG) 3351/83, neu geregelt im Protokoll Nr. 4 zum Europäischen Wirtschaftsraum EWR, Artikel 27)) als Ursprungsnachweis für »Ursprungserzeugnisse« die Lieferantenerklärung eingeführt (veröffentlicht im Amtsblatt der Europäischen Gemeinschaften L 19/1 vom 17. Juli 1973). Die Lieferantenerklärung, die vom Lieferanten (Hersteller oder Vorlieferant) in eigener Verantwortung für in einem EG-Mitgliedstaat hergestellte Waren abgegeben wird, ist der Zollstelle als Ursprungsnachweis für die Ausstellung der Warenverkehrsbescheinigung mit vorzulegen. Die Erklärung kann vom Lieferanten auf den üblichen Geschäftspapieren abgegeben werden, sie kann auch eingedruckt oder mit Stempel angebracht oder auf besonderen Vordruck abgegeben werden.

Maßgebender Zeitpunkt
Der maßgebende Zeitpunkt für die Ermittlung des Zollwerts ist

a) für Waren, die unmittelbar zum freien Verkehr abgefertigt werden, der Tag, an dem die Zollstelle die Willenserklärung des Inhabers des Verfahrens über die Abfertigung der Waren zum freien Verkehr annimmt (also das Datum der Einfuhranmeldung),
b) für Waren, die aus einem Nichterhebungsverfahren in den freien Verkehr übergehen, der Zeitpunkt, der für diesen Zollverkehr in den Rechtsakten des Rates oder der Kommission oder von den Mitgliedstaaten in Übereinstimmung mit dieser Rechtsakte festgelegt ist.

Meistbegünstigung
Verpflichtung eines Staats, alle handelspolitischen Vorteile, die er irgendeinem Staat einräumt, auch dem Staat zu gewähren, mit dem die Meistbegünstigung vereinbart wird. Bestandteil zahlreicher Handelsverträge, GATT bzw. Welthandelsorganisation. Die Meistbegünstigungsklausel verhindert die Diskriminierung bestimmter Staaten.

Nämlichkeit
Identität (Übereinstimmung) der Ware mit den Angaben (in Papieren, Anmeldungen usw.).

Nämlichkeitssicherung
Mittel, um einen Austausch von Waren zu verhindern. Dies geschieht in der Regel durch Raumverschluss (Packstück oder Fahrzeug) mithilfe von zollamtlich zugelassenen Plomben. Die Nämlichkeitssicherung kann aber auch durch Zollsiegel, Beschreibungen, Seriennummern, Fotos usw. erfolgen.

NCTS
New Computerized Transit System. Papierlose elektronische Überwachung im Unionsversand. Die Daten werden bei der Abgangszollstelle in das System eingegeben, der Versand erhält eine MRN-Nummer und die Daten werden per DFÜ zur Bestimmungszollstelle übermittelt. Ein PDF-Ausdruck des Versandpapiers begleitet die Sendung.

Nichterhebungsverfahren
Siehe Besondere Zollverkehre.

Nichtunionswaren
Waren aus Drittländern, die die Grenze zur EU überschritten haben und noch nicht zum freien Verkehr abgefertigt wurden. Sobald sie zum freien Verkehr abgefertigt werden, sind sie Unionswaren.

Ort des Verbringens
Bei der Ermittlung des Zollwerts sind den für die eingeführten Waren tatsächlich gezahlten oder zu zahlenden Preisen die Beförderungskosten bis zum Ort des Verbringens in das Zollgebiet der EG hinzuzurechnen. Das ist im Seeverkehr der Entlade- oder Umladehafen, sofern die Umladung von der Zollstelle des Umladehafens bestätigt wird.

OZL (offenes Zolllager)
Nach dem Zollkodex abgelöst durch die Lagertypen C und D. In diesen privaten Lagern kann Zollgut ohne Erhebung von Einfuhrabgaben in unverändertem Zustand gelagert werden. Abgaben werden erst bei der Entnahme in den freien Verkehr erhoben.

Paneuropäische Kumulierung
Gegenseitige Anerkennung der Ursprungsregelungen. Die Waren können in der EG, den EFTA-Staaten, den mittel- und osteuropäischen Staaten und in der Türkei be- und verarbeitet werden. In der Regel hat die Ware dort ihren Ursprung, wo der höchste Wertzuwachs erzielt wird (viele Ausnahmen!). Für die Ware kann dann eine Warenverkehrsbescheinigung (EUR.1) erstellt werden, die bei der Einfuhr zur Zollermäßigung führt.

Passive Veredelung
Bearbeitung oder Verarbeitung, Ausbesserung von Waren, die aus dem Wirtschaftsgebiet in fremde Wirtschaftsgebiete (außerhalb der EG) verbracht und wieder eingeführt werden.

Präferenznachweise
Präferenznachweise sind Dokumente, die sowohl innerhalb der EU als auch im Handel mit assoziierten Staaten zu einer Zollermäßigung bzw. Zollfreiheit führen (T2L, T2M, EUR.1 und EUR.2, A.TR, Formblatt A); siehe auch Warenverkehrsbescheinigungen. Sie werden zunehmend abgelöst durch Ursprungserklärungen auf der Handelsrechnung.

Registrierter Ausführer (REX)
Mit dem neuen Zollkodex wurde 2017 der registrierte Ausführer eingeführt. Dieser darf – anstelle von Warenverkehrsbescheinigungen – Ursprungserklärungen auf der Handelsrechnung anbringen. Dieses System wurde erstmals von vornherein mit Südkorea und Kanada (CETA) eingeführt; die anderen Abkommen sollen sukzessive darauf umgestellt werden.

Rückwaren
Waren, die von einem Lieferanten in Drittländer geliefert wurden und nun in das Zollgebiet der EG zurückkommen.

Steuer auf den innergemeinschaftlichen Erwerb
Löst beim Handel innerhalb der EG vorübergehend – bis zu einer weiteren Vereinheitlichung des Mehrwertsteuersystems und der Mehrwertsteuersätze – ab dem 1.1.1993 die EUSt ab. Steuerpflichtig ist nicht mehr das Verbringen der Ware über die Grenze, sondern das Inverkehrbringen der Ware.

Tatsächlich gezahlter oder zu zahlender Preis
Der tatsächlich gezahlte oder zu zahlende Preis bezieht sich auf den Preis für die eingeführten Waren. Somit gehören Dividenden oder andere Zahlungen des Käufers an den Verkäufer, die sich nicht auf die eingeführten Waren beziehen, nicht zum Zollwert.

T. I. R. (Transport International Routier)
Zollverfahren für den internationalen Straßengüterverkehr.

Trader-Portal
Im- und Exporteure, die verschiedene Bewilligungen in mehreren EU-Staaten erhalten wollen, müssen sich elektronisch über das Trader-Portal des Zolls registrieren lassen (seit Oktober 2017; Beispiel: Wenn man in mehreren EU-Staaten Zolllager betreiben will). Der Datenaustausch erfolgt dann zwischen den Mitgliedstaaten. Dies soll der Transparenz und schnelleren Abwicklung dienen.

Transaktionswert
Siehe Zollwert.

Transit/Transithandel
Geschäfte, bei denen außerhalb des Wirtschaftsgebiets befindliche Waren oder in das Wirtschaftsgebiet verbrachte, jedoch einfuhrrechtlich noch nicht abgefertigte Waren durch Gebietsansässige von Geschäftsfremden erworben und an Gebietsfremde veräußert werden; ihnen stehen Rechtsgeschäfte gleich, bei denen diese Waren vor der Veräußerung an Gebietsfremde an andere Gebietsansässige veräußert werden.

TTIP (Transatlantic Trade and Investment Partnership)
Geplantes Freihandelsabkommen zwischen der EU und den USA. Die Verhandlungen sind gestoppt.

ÜLG
Überseeische Länder und Gebiete von EG-Staaten sind diejenigen ehemaligen Kolonien, Treuhandgebiete und Überseeprovinzen, die noch nicht selbstständig sind; die ÜLG sind mit der EG assoziiert.

Unionsversandverfahren
Gemeinschaftliches Versandverfahren in der EG und gemeinsames Versandverfahren mit den EFTA-Staaten (Norwegen, Island, Schweiz, Liechtenstein). In diesem Zollversandverfahren können Waren von der Versandzollstelle bis zur Bestimmungszollstelle befördert werden. T1 steht für das externe Versandverfahren von Nichtunionswaren (Zollgut), T2 für das interne Versandverfahren von Unionswaren (Freigut). Letzteres wird nur noch bei einem Versand über Drittstaaten verwendet, z. B. von Deutschland über die Schweiz nach Italien.

Unionswaren
Alle Waren, die sich im zollrechtlich freien Verkehr der Gemeinschaft befinden. Unionswaren sind auch Waren, die sich aus steuerrechtlichen oder anderen Rechtsgründen noch nicht im freien Verkehr der EG befinden, deren Übergang in den freien Verkehr also noch zollamtlich überwacht werden muss. Das sind z. B. Waren, die noch einer nationalen Verbrauchsteuer unterliegen oder deren Übergang in den freien Verkehr im Hinblick auf nationale Verbote und Beschränkungen einer amtlichen Zustimmung unterliegen.

Unvollständige Anmeldung
Sind Versender und Ausführer nicht identisch, kann der Versender für die Ausfuhr eine unvollständige Anmeldung ausfüllen, die weniger Angaben benötigt als das ABD. Der Ausführer hat im Nachhinein das ABD zu vervollständigen. Die Verwendung der unvoll-

ständigen Anmeldung ermöglicht die Wahrung von Geschäftsgeheimnissen zwischen mehreren an einer Ausfuhr Beteiligten (Ausführer/Versender, Ausführer/Zulieferer).

Unvollständige Zollanmeldung

Auch bei der Einfuhr kann eine unvollständige Zollanmeldung abgegeben werden. Die restlichen Daten werden dann mit der Sammelzollanmeldung abgegeben. Alle für die Abgabenerhebung (Warenart, Zollwert, evtl. andere Daten wie Gewicht usw.) maßgebenden Daten sind anzugeben.

Ursprungsland

Das Ursprungsland ist in der Einfuhrliste das Land, in dem die Ware vollständig gewonnen oder hergestellt worden ist. Sind an der Herstellung zwei oder mehr Länder beteiligt, so gilt als Ursprungsland das Land, in dem die letzte wesentliche und wirtschaftlich gerechtfertigte Be- oder Verarbeitung stattgefunden hat, sofern diese in einem dazu eingerichteten Unternehmen vorgenommen worden ist und zur Herstellung eines neuen Erzeugnisses geführt hat oder eine bedeutende Herstellungsstufe darstellt.

UVV

Siehe Unionsversandverfahren.

Verbindliche Ursprungserklärung

Eine verbindliche Ursprungserklärung kann der Lieferer von seiner zuständigen Industrie- und Handelskammer anfordern für Ursprungszeugnisse (nicht präferenzieller Ursprung) oder vom Hauptzollamt Hannover für Warenverkehrsbescheinigungen (präferenzieller Ursprung).

Verbrauchs-/Bestimmungsland

Das Land, in dem die Waren gebraucht oder verbraucht, bearbeitet oder verarbeitet werden sollen; ist dieses Land nicht bekannt, gilt als Verbrauchs-/Bestimmungsland das letzte bekannte Land, in das die Waren verbracht werden sollen.

Verbringungsort

Ort, an dem die Ware in die EG verbracht wird. An diesem Ort muss die Ware gestellt werden und der Zollwert wird dort ermittelt.

Versandschein

T1 und T2 werden bei Beförderungen im externen UVV und im internen UVV verwendet. Bei Bahnbeförderungen im UVV gilt der Frachtbrief als Versandschein, beim Luft- und Seeverkehr kann das Manifest als Versandschein gelten.

Versandzollstelle
In der Regel die Zollstelle, bei der ein Versandverfahren eröffnet wird.

Versender
Versender ist, wer auf Veranlassung eines Ausführers, dem er zur Lieferung verpflichtet ist, die Ware zur Erfüllung eines Liefervertrags des Ausführers an dessen gebietsfremden Abnehmer liefert.

Versendung
Bei »Exporten« innerhalb der EG spricht man nicht von Ausfuhr, sondern von Versendung.

Versendungsland
Das Versendungsland ist im Sinne der Einfuhrliste das Land, aus dem die Ware nach dem Wirtschaftsgebiet versendet wird, ohne in einem Durchfuhrland anderen als mit der Beförderung zusammenhängenden Aufenthalten oder Rechtsgeschäften unterworfen zu werden.

Verwahrungslager
Allgemeiner Begriff für den Aufenthalt von Nichtunionsware, bevor sie abgefertigt wird, also z. B. zwischen der Beendigung eines Versandverfahrens und der Abfertigung zum freien Verkehr.

Vorausanmeldung
Siehe Ausfuhrkontrollmeldung.

Vorsteuer
Entrichtete Umsatzsteuern können von umsatzsteuerpflichtigen Unternehmen als Vorsteuer bei der Umsatzsteueranmeldung geltend gemacht werden. Bei inländischen Umsätzen ist dies die Mehrwertsteuer, bei innergemeinschaftlichen Erwerben die Steuer auf den innergemeinschaftlichen Erwerb, bei Einfuhren die EUSt.

VuB
Verbote und Beschränkungen im Warenverkehr. Die Ein- und Ausfuhr von vielen Waren ist generell verboten oder beschränkt. Eine Ein- bzw. Ausfuhr ist nur mit Genehmigung erlaubt. Zu diesen Waren gehören Waffen und Kriegsmaterial (siehe AWG) und alles, was zu deren Herstellung dient, aber auch Pflanzen und Tiere, die dem Washingtoner Artenschutzabkommen unterliegen, Waren mit verfassungsfeindlichem Inhalt usw. Welche Waren davon betroffen sind, kann man der Ausfuhrliste bzw. der Einfuhrliste entnehmen.

Warenverkehrsbescheinigungen
Präferenznachweise, die zu einer Zollermäßigung bzw. zur Zollfreiheit führen. Man unterscheidet zwischen Warenverkehrsbescheinigungen, die den Ursprung einer Ware nachweisen (EUR.1, EUR.MED, Form A) und Warenverkehrsbescheinigungen, die lediglich den Nachweis des Freiverkehrs erbringen (T2L, T2M, A.TR.).

Wirtschaftsgebiet
Wirtschaftsgebiet nach dem AWG ist Deutschland, jedoch nicht der Zollausschluss Büsingen/Hochrhein. Wirtschaftsgebiet der EG (EU) sind die Wirtschaftsgebiete aller Mitgliedstaaten.

WVB
Siehe Warenverkehrsbescheinigungen.

Zölle
Zölle sind Steuern, die nach dem Gemeinsamen Zolltarif der EG auf eingeführte Waren erhoben werden. Ausfuhrzölle und Durchfuhrzölle gibt es in der EG nicht. Zölle sind Schutzzölle, die zum Schutz der Wirtschaft gegen den Auslandswettbewerb erhoben werden. Seit dem 1.1.1975 fließen die Zölle in der Regel der EU zu.

Zollausschluss
Das deutsche Gebiet von Büsingen, es untersteht dem schweizerischen Zollrecht.

Zollfreigebiete
Teile des Hoheitsgebiets, die zu keinem Zollgebiet gehören wie die Insel Helgoland, die Freihäfen und die Küstengewässer zwischen der Hoheitsgrenze und der Zollgrenze an der Küste sowie Zollfreigebiete auf Flughäfen.

Zollgebiet
Es gibt das deutsche Zollgebiet und das Zollgebiet der EU. Das deutsche Zollgebiet ist das deutsche Hoheitsgebiet mit den Zollanschlüssen, aber ohne Zollausschlüsse und Zollfreigebiete. Das Zollgebiet der EU umfasst die benannten Gebiete der EU-Staaten.

Zollgut
Früherer Begriff für Nichtunionswaren.

Zollkodex
Die Europäische Gemeinschaft hat Mitte Oktober 1992 einen einheitlichen Zollkodex mit Drittländern beschlossen (VO (EWG) Nr. 2913/92 vom 12.10.1992), der am 1.1.1994 in Kraft getreten ist. Der Zollkodex hat viele frühere EG-Verordnungen ersetzt und regelt einheitlich z. B. Ausfuhrverfahren, Ursprungs- und Präferenzrecht, Zollwert,

Versandverfahren, Abfertigung zum freien Verkehr und zu anderen Zollverfahren, Zollschuldrecht, Rückwaren usw. Seit April 2016 gilt der neue Unions-Zollkodex, der den bisherigen Zollkodex und spätere Verordnungen zusammenfasst und erneuert.

Zollpräferenzen
Für Waren aus bestimmten Ländern werden Vorzugszölle gewährt. Voraussetzung hierfür ist der Nachweis, dass die eingeführten Waren tatsächlich in den in Betracht kommenden Ländern und Gebieten erzeugt oder hergestellt worden sind (siehe auch Präferenznachweise und Warenverkehrsbescheinigungen).

Zollunion
Zusammenschluss der Zollgebiete mehrerer Staaten zu einem einheitlichen Zollgebiet. Die Binnenzölle zwischen den Mitgliedstaaten fallen weg, auf die Wareneinfuhr aus Drittländern wenden die Mitgliedstaaten einheitliche Außenzölle an. In der EWG der Sechs (Gründungsstaaten) wurde die Zollunion im gewerblichen Bereich am 1. Juli 1968, im landwirtschaftlichen Bereich am 1. Januar 1970. Seit dem 1. Januar 1996 ist neben den 28 Mitgliedstaaten der EU auch die Türkei Mitglied der Zollunion.

Zollwert
Der Zollwert ist der Wert der Ware am Verbringungsort, also beim Überschreiten der EG-Grenze. Grundlage ist immer der Rechnungspreis, der unter Berücksichtigung der Incoterms® (Lieferbedingungen) und anderer Faktoren ggf. korrigiert werden muss. Der Zollwert ist die Bemessungsgrundlage für die Berechnung von (Wert-)Zollabgaben.

Zugelassener Empfänger
Der zugelassene Empfänger darf ohne direkte Mitwirkung der Zollbehörden ein Versandverfahren beenden. Er darf die Papiere entgegennehmen und Zollverschlüsse entfernen. Beides muss er den Behörden einreichen. Voraussetzung ist die Teilnahme am ATLAS-System und ggf. die Leistung einer Sicherheit.

Zugelassener Versender
Unter den gleichen Voraussetzungen wie der zugelassene Empfänger darf ein Versender ohne direkte Mitwirkung der Zollbehörden ein Zollversandverfahren eröffnen. Er ist berechtigt, zugelassene Zollverschlüsse anzubringen.

Die gebräuchlichsten Dokumente im Export und Import

Die im internationalen Warenverkehr gebräuchlichsten Dokumente sind:

1. Versanddokumente

im Seeverkehr:	Konnossement (Bill of Lading; B/L) und Seefrachtbrief
im Binnenschiffsverkehr:	Ladeschein
im Landverkehr:	Bahnfrachtbrief (Duplikatfrachtbrief); CMR-Frachtbrief; Intercontainer-Frachtbrief; Spediteur-Übernahmebescheinigung
im Luftverkehr:	Luftfrachtbrief (Air Way Bill)
im Postverkehr:	Posteinlieferungsschein

2. Begleitdokumente
   Handelsrechnungen, Konsulatsfakturen, Zollfakturen, Versicherungspolicen oder -zertifikate, Ursprungszeugnisse, Tratten, Warenverkehrsbescheinigungen. Hinzu kommt noch eine ganze Reihe weiterer Dokumente, u. a. Analysenzertifikate, Gesundheitszeugnisse, Gewichtsbescheinigungen (Gewichts- Garantiezertifikate), Maßliste, Inspektionszertifikate, pflanzenpolizeiliche Zeugnisse, Qualitätszertifikate.

Air Way Bill (AWB)
Siehe Luftfrachtbrief.

Bahnfrachtbrief
Railway consignment note/lettre de voiture. Dieses Papier, das ausschließlich bei der Bahnverladung ausgestellt wird, ist vom Absender zu erstellen, falls es gefordert wird. Festzuhalten ist, dass der Absender lediglich das »Duplikat« des Bahnfrachtbriefs erhält, während das Original mit der Ware reist. Siehe Duplikatfrachtbrief.

Carta de Corrección
Berichtigung von Konsulatsfakturen, ist vielfach insbesondere lateinamerikanischen Konsulaten vorzulegen, wenn eine Konsulatsfaktura Fehler enthält.

Certification of Inspection
Siehe Waren-Kontroll-Zertifikat.

CIM-Frachtbrief
Im grenzüberschreitenden Schienenverkehr wird der CIM-Frachtbrief verwendet (Bahnfrachtbrief). Rechtsgrundlage für die Beförderung (auch für die Haftung) ist damit die Convention Internationale des Transports des Marchandises par Chemin de Fer.

CMR-Frachtbrief
International truck way bill/lettre de voiture internationale. Im grenzüberschreitenden Straßengüterverkehr wird der CMR-Frachtbrief verwendet. Damit gelten die Bestimmungen des CMR-Abkommens, das die meisten europäischen Staaten angenommen haben.

Duplikatfrachtbrief

Duplicate of railway consignment note/duplicata de lettre de voiture. Der Duplikatfrachtbrief – auch Frachtbriefdoppel oder Frachtbriefduplikat genannt – ist kein »Dispositionspapier« wie das Konnossement oder der Ladeschein; repräsentiert also nicht die Ware. Er ist vielmehr lediglich ein Beweis dafür, dass der Absender der Ware diese tatsächlich an den im Frachtbrief benannten Empfänger zur Versendung gebracht hat und dass er sich durch die Aushändigung des Duplikatfrachtbriefs unwiderruflich des Verfügungsrechts über die Ware begeben hat. Insofern wirkt der Duplikatfrachtbrief als Sperrpapier, d. h.: Der Absender kann das ihm nach § 418 HGB zustehende nachträgliche Verfügungsrecht über die Ware nur ausüben, wenn er in der Lage ist, den Duplikatfrachtbrief vorzulegen. Diese Eigenschaft allein macht seine Verwendung im Inkasso- und Akkreditivverkehr sinnvoll. Das Verfügungsrecht des Absenders erlischt ohnehin, auch wenn er den Duplikatfrachtbrief besitzt, sobald der Empfänger die erste Ausfertigung des Frachtbriefs angenommen hat oder ihm das Gut abgeliefert worden ist.

Die rechtliche Bedeutung des internationalen (CIM)-Frachtbriefs entspricht der des deutschen Eisenbahnfrachtbriefs; auch er repräsentiert die Ware nicht. Der abgestempelte Frachtbrief dient als Beweis für den abgeschlossenen Frachtvertrag. Im Gegensatz zu den Bestimmungen der Eisenbahn-Verkehrsordnung ist der Absender nach Art. 8 § 15 CIM verpflichtet, der Eisenbahn gleichzeitig mit dem Frachtbrief (fünf Ausfertigungen) ein Frachtbriefdoppel nach vorgeschriebenem Muster vorzulegen. Die Eisenbahn hat den Empfang des Guts und den Tag der Annahme zur Beförderung durch Aufdrücken des Tagesstempels auf dem Frachtbrief zu bescheinigen.

FBL

FIATA Combined Transport Bill of Lading. Das vom internationalen Verband der Spediteure (FIATA) entwickelte Dokument ist begebbares Durchkonnossement für den kombinierten Verkehr mit mehreren Verkehrsträgern, dem sogenannten multimodalen Transport. Der Aussteller, in der Regel der Spediteur, haftet für Verlust oder Beschädigung mit zwei Sonderziehungsrechten je Kilogramm bzw. er haftet wie der jeweilige Schadensverursacher, wenn dieser eindeutig feststellbar ist. Das FBL ist von der Internationalen Handelskammer (ICC) als akkreditivfähiges Papier anerkannt. Wird von Spediteuren oft als Hauskonnossement bezeichnet.

FCR

Siehe Spediteur-Übernahmebescheinigung.

Handelsrechnung

Commercial invoice/facture commerciale. Zu den Dokumenten im Außenhandelsgeschäft gehört üblicherweise die Handelsrechnung. Sie soll alle Einzelheiten der Warensendung enthalten: den Namen und die Anschrift des Empfängers (Käufer), die genaue Beschreibung der Waren, Gewichtsangaben (brutto und netto) und den Preis

(Einzel- und Gesamtpreis). Die Bestimmungen der Bundesrepublik Deutschland lassen eine Fakturierung in jeder beliebigen Währung zu.

Die Handelsrechnung muss ferner Auskunft geben über die Lieferungsbedingung (FOB, CIF oder eine sonstige vereinbarte Lieferklausel), die Markierung (Zeichen und Nummern der Ballen, Kisten usw.), den Namen des Schiffs oder die Nummer des Waggons, falls die Ware mit der Bahn verladen wurde. Auch die vereinbarte Zahlungsbedingung und häufig noch die Importlizenz-Nummer des Käufers, soweit nach den Devisenbestimmungen des Käuferlands erforderlich, sollten aus der Rechnung ersichtlich sein. Schließlich sollte die Rechnung die rechtsverbindliche Unterschrift des Verkäufers tragen.

Herstellererklärung
Bei Exporten nach bestimmten arabischen Ländern muss der Exporteur erklären, von wem die Ware hergestellt worden ist. Legalisierung kann verlangt werden.

House Air Way Bill
Wird in der Regel von einem Spediteur erstellt, der eine Luftfrachtsendung in Sammelladung befördert. Der Spediteur gilt damit als Carrier und haftet wie dieser. Die House Air Way Bill wird auch von Banken im Akkreditivgeschäft akzeptiert.

Intercontainer-Frachtbrief
Wird im grenzüberschreitenden Containerverkehr mit der Bahn benutzt. Dieser Frachtbrief ist ein Transportdokument der Firma Intercontainer in Basel, einer Tochter der europäischen Bahngesellschaften. Der Intercontainer-Frachtbrief dient gleichzeitig als Zollversandpapier von Haus zu Haus.

Israelerklärung
Wird von vielen arabischen Staaten für Importe mit dem folgenden Text auf der Handelsrechnung bzw. der Rückseite des Ursprungszeugnisses verlangt: »We declare that the goods are neither of Israeli origin nor do they contain Israeli materials nor are they being exported from Israel.« Nach einer Veränderung der AWV ist diese Erklärung nicht mehr zulässig.

Konsulatsfaktura
Consular invoice/facture consulaire. Bei der Konsulatsfaktura handelt es sich um eine Zusammenstellung der für einen Auftrag und an einen Käufer zur Verschiffung gelangenden Waren mit Handelsbezeichnungen nach den Vorschriften des Einfuhrlands, Einzelgewichten und genauen Werten in Übereinstimmung mit den Handelsrechnungen. Diese Zusammenstellungen haben auf vorgeschriebenen Formularen in einer bestimmten Sprache zu erfolgen und sind dem Konsulat des Einfuhrlands zur Beglaubigung vorzulegen (in der Regel im Verladungshafen).

Obwohl die Vertragspartner des Welthandelsabkommens die baldige und vollständige Abschaffung der Konsulatsfakturen als unnötige Formalitäten seit Jahren empfehlen, sind sie noch immer von einer Anzahl von Ländern (hauptsächlich von mittel- und südamerikanischen Staaten) beibehalten worden. Die Zahl dieser Länder nimmt jedoch stetig ab.

Ladeschein

Inland waterway bill of lading/connaissement fluvial. Der Ladeschein ist das »Konnossement« des Flussverkehrs. Er ist eine vom *Frachtführer* (vom Schiffer, nicht vom Schiffseigner) ausgestellte Urkunde über seine Pflicht zur Ablieferung des Frachtguts an den legitimierten Besitzer des Scheins. Für dieses Papier gilt im Wesentlichen das, was für das Seekonnossement gesagt wurde; es ist ein »Dispositionspapier« wie das Konnossement. Der Ladeschein ist gesetzlich in §§ 444 ff. HGB geregelt.

Lagerschein

Warehouse receipt/récépissé d'entreposage. Bei Einlagerung einer Ware bescheinigt der Lagerhalter die Übernahme des Guts zur Einlagerung. Lagerscheine (§§ 475c-475 g HGB) können auch an Order gestellt werden und sind dann Dispositionspapiere. Lagerhalter ist, wer gewerbsmäßig die Lagerung und Aufbewahrung von Gütern übernimmt (§ 467 ff. HGB). Die Abgabe von Order-Lagerscheinen ist den staatlich dazu ermächtigten Lagerhäusern vorbehalten. Am häufigsten verwendet wird der Namenslagerschein, der durch Abtretungserklärung (Zession) übertragbar ist. Im internationalen Handel wurde das FIATA-Warehouse-Receipt (FWR) als handelbares Dokument geschaffen.

Luftfrachtbrief

In der Luftfahrt verwendetes Warenbegleitdokument, das den Abschluss eines Beförderungsvertrags dokumentiert. Obwohl der Frachtbriefzwang nach dem Montrealer Abkommen entfällt, wird die Air Way Bill in der Regel mit drei Originalen und beliebigen Kopien erstellt. Der Shipper (Absender) erhält Original 3 und kann damit nachträglich verfügen. Damit ist dieses 3. Original akkreditivfähig.

Mate's Receipt

Steuermannsquittung/recu provisoire. Das Mate's Receipt ist ein vorläufiger Empfangsschein (Zwischendokument) des Reeders über Güter, die zur Verladung an ein Schiff angeliefert worden sind. Das Mate's Receipt ist im Allgemeinen mit dem Anspruch auf Aushändigung der Konnossemente an den Inhaber verknüpft. Obwohl das Mate's Receipt eine vollgültige Bordquittung darstellt, besitzt es keineswegs die Rechtswirksamkeit eines Konnossements. Es begegnet uns häufig im Transithandel und bei Verladungen, bei denen weder der Lieferant den Drittempfänger, noch dieser den eigentlichen Ablader erfahren soll.

Packliste
Packing list/liste de colisage. Detaillierte Aufstellung aller Frachtstücke mit Markierung, Art, Gewicht und Inhalt.

Pflanzengesundheitszeugnis
Mit diesem Dokument wird, genau wie mit dem Veterinärzeugnis im tierischen Bereich, wird eine Überprüfung der pflanzlichen Produkte auf amtlicher Ebene bescheinigt. Durch dieses Zeugnis wird sichergestellt, dass die zum Versand kommenden Produkte, zumindest vor oder bei der Verladung, von gefährlichen Krankheiten oder Schädlingen frei gewesen sind.

Posteinlieferungsschein
Parcel post receipt/récépissé postal. Bedeutet lediglich die Empfangsbescheinigung des Postamts für eine Postsendung an einen bezeichneten Empfänger. Mithilfe des Posteinlieferungsscheins kann bewiesen werden, dass ein Versand auf dem Postwege an den darin genannten Empfänger durchgeführt worden ist. Das Datum des Poststempels gibt den Tag der Auslieferung des Postguts an. Wird ein Gut per Luftpost auf den Weg gebracht, ist das entsprechende Dokument der Luftpost-Einlieferungsschein.

Report of Findings
Siehe Waren-Kontroll-Zertifikat.

Seefrachtbrief
Seaway Bill/Linerway Bill/Express Cargo Bill. Nicht begebbares Dokument, Nachweis eines Vertrags über den Transport von Waren per See und Ausweis der Tatsache, dass der Verfrachter die Waren übernommen oder an Bord genommen hat sowie der Verpflichtung desselben, die Waren dem auf dem Dokument aufgeführten Empfänger zuzustellen. Es wird nicht zur Legitimation des rechtmäßigen Empfängers am Bestimmungsort benötigt.

Seekonnossement
Begebbares (handelbares) Dokument, das der Ablader von der Reederei oder deren Beauftragten erhält, als Beleg für die Übernahme des Guts (bzw. eines Containers). Ablader ist derjenige, der die Ware ans Schiff heranbringt. In der Regel werden drei Originalkonnossemente (3/3) und beliebig viele Kopien erstellt. Jedes Original ist gleichwertig. Die Aushändigung der Ware erfolgt gegen Rückgabe eines Originals, die anderen beiden werden dann ungültig. Im Akkreditivgeschäft verlangen die Banken in der Regel ein »Full Set of Clean on Board B/Ls«, d. h., einen kompletten Satz (alle Originale) »sauberer« (ohne Beschädigungsvermerk) Bordkonnossemente (die Ware muss bereits an Bord verladen sein).

SIREX-Certificate

Bescheinigung, dass Holz für die Verpackung einer Ware vor dem Export, z. B. nach Australien, gegen die Sirexwespe behandelt worden ist.

Spediteur-Übernahmebescheinigung (FCR)

Das Forwarding Agents Certificate of Receipt (FCR) ist ein dem Frachtbriefdoppel der Bahn vergleichbares Sperrpapier. Der Spediteur bescheinigt mit ihm, dass er die Sendung empfangen hat, zum unwiderruflichen Transport an den genannten Empfänger. Widerruf ist nur gegen Rückgabe des Originaldokuments möglich. Der Text einer Spediteur-Übernahmebescheinung muss durch die FIATA autorisiert sein, die Frankaturvorschrift gemäß den Incoterms®. Das FCR ist ein akkreditivfähiges Dokument.

Ursprungszeugnis

Certificate of origin/certificat d'origine. Das Ursprungszeugnis ist eine Urkunde, in der der Ursprung der Ware durch eine hierzu berechtigte Stelle bescheinigt oder beglaubigt ist. Zuständig für die Ausstellung des Ursprungszeugnisses sind in der Bundesrepublik bei der Warenausfuhr die Industrie- und Handelskammern. Für die Einfuhr muss das Ursprungszeugnis von einer zur Ausstellung von Ursprungszeugnissen berechtigten Stelle des Ausfuhrlands ausgestellt sein; der Bundesminister für Wirtschaft macht die berechtigten Stellen im Bundesanzeiger bekannt. Die Form des Ursprungszeugnisses ist für alle Exporte aus EG-Ländern einheitlich vereinbart (Zollkodex).

Versicherungspolice und -zertifikat

Insurance policy (certificate)/police (certificat) d'assurance. Die Versicherungspolice (Versicherungsschein) ist eine vom Versicherer unterzeichnete Urkunde über den Abschluss eines Versicherungsvertrags. Während die Einzelpolice als Beweisurkunde für die Versicherung einer einzelnen Warensendung dient, ist die Generalpolice der Nachweis für einen laufenden Versicherungsvertrag mit Versicherungsschutz für alle durchgeführten und beim Versicherer angemeldeten Warensendungen auf einen längeren Zeitraum. Der Versicherer ist nur gegen Vorlage der Police zur Zahlung verpflichtet. Das Versicherungszertifikat ist ein Auszug aus dem Versicherungsvertrag und dient als Beweisurkunde für die Versicherung der einzelnen Warensendung.

Waren-Kontroll-Zertifikat

Clean Report of Findings/Attestation de Vérification/Pre-shipment-Bescheinigung. Aus Gründen der Sicherheit, dass die Lieferung auch effektiv in z. B. Güte, Anzahl, Zusammensetzung, Preis, äußerer Beschaffenheit der Bestellung entspricht, werden Waren-Kontroll-Zertifikate verlangt. Die Gründe hierfür sind darin zu sehen, dass die zahlungsmäßige Abwicklung aufgrund des abstrakten Charakters von *Akkreditivgeschäften* sich rein auf die dokumentäre Seite beruft und vom zugrunde liegenden Warengeschäft losgelöst ist.

Warenverkehrsbescheinigung (WVB)
Die Warenverkehrsbescheinigung ist ein EG-Präferenznachweis und dient der Erlangung der Zollfreiheit bzw. der Vorzugszölle. Warenverkehrsbescheinigungen sind erforderlich für den Warenverkehr mit den Staaten, mit denen die EWG Freihandels-, Präferenz- bzw. Kooperationsabkommen abgeschlossen hat, sowie mit Staaten und Gebieten, die der EG assoziiert sind.

Zollfaktura
Customs invoice/facture douanière. Die Zollfaktura enthält im Wesentlichen dieselben Merkmale wie die Konsulatsfaktura. Eine Legalisierung durch ein Konsulat ist indessen nicht erforderlich. In vielen Fällen muss jedoch die Unterschrift des Exporteurs durch einen Zeugen (witness) beglaubigt werden. Zollfakturen werden vor allem für Exporte nach Ländern, die dem britischen Commonwealth angehören oder angehörten (Ausnahme: Großbritannien), benötigt. in diesen Staaten tragen sie die Bezeichnung »combined certificate of value and of origin« bzw. »special customs invoice«.

Lösungen und Zusatzaufgabe

Auf den folgenden Seiten finden Sie die Lösungen für den praktischen Fall aus Kapitel 2.4 und zu den verschiedenen im Buch gestellten Aufgaben.

Lösung zu 2.4. Ein praktischer Fall

Trotz sehr unterschiedlicher Rechnungspreise und Lieferbedingungen liegen die Stückpreise recht nahe beieinander. Der billigste Einstandspreis (EUSt-Wert) ergibt sich ausgerechnet bei dem Anbieter mit dem höchsten Rechnungspreis – aber nur unter den vorgegebenen Bedingungen. Sollten tatsächlich Abnahmemengen von 10.000 Stück pro Jahr zustande kommen, gibt es ja bei zwei Anbietern einen Bonus, der die Ware wieder günstiger machen kann.

Das führt zu der Frage: kann der Bonus denn noch nachträglich berücksichtigt werden? Hier ist es wichtig, den Kaufvertrag entsprechend zu formulieren. Würden Sie – unabhängig von der nächsten Lieferung – für jeden einzelnen Container einen Kaufvertrag abschließen, wird es schwer. Gibt es aber einen Gesamtvertrag und jeder Container ist eine Teillieferung, kann der Bonus bei der letzten Lieferung verrechnet werden. Das senkt den Zollwert erheblich – denn es gilt ja der tatsächlich gezahlte oder zu zahlende Preis.

Und: Wie steht der Kurs des Dollars? Sinkt er z. B. unter 1,20 (wie Anfang 2015), verteuert sich der Stückpreis um gut 3 EUR! Plötzlich ist der brasilianische Anbieter der günstigste – es sei denn, Sie haben ihre Währungsrisiken abgesichert. Und bitte nicht denken, bei so kleinen Differenzen sei das egal. Die geringe Differenz muss ja mit 2.640 St. je Container multipliziert werden.

Anbieter	Ningbo	Enseres	Van Tools
Rechnungspreis	141966,00	113916,00	149160,00
Währung	USD	EUR	USD
Kurs	1,2817	1	1,2817
Rg-Preis in EUR	110.763,83 €	113.916,00 €	116.376,69 €
Seefracht in USD	2985,2	0	0
Seefracht in EUR	2.329,09 €	- €	- €
Versicherung	664,80 €	683,50 €	0
Zollwert	113.757,72 €	114.599,50 €	116.376,69 €
Zollsatz	2,70%	2,70%	0
Zoll	3.071,46 €	3.094,19 €	- €
THC	154,00 €	154,00 €	154,00 €
EG-Beförderung	665,00 €	665,00 €	665,00 €
EUSt-Wert	117.648,21 €	118.512,71 €	117.195,69 €
EUSt-Satz	19%	19%	19%
EUSt	22.353,16 €	22.517,42 €	22.267,18 €
Stückzahl	2640	2640	2640
Einfuhrabgaben	25.424,62 €	25.611,60 €	22.267,18 €
Stückpreis netto	44,56 €	44,89 €	44,39 €

Im Prinzip muss vor dem Einkauf eine genaue Kalkulation gemacht und die verschiedenen Fälle durchgespielt werden. Dabei spielen – wegen unterschiedlich langer Kapitalbindung – auch die Transportzeiten eine Rolle. Aber das sind keine Zollfragen. Wichtig in diesem Fall war, dass der teuerste Anbieter doch der günstigste sein kann, weil er vielleicht günstigere Lieferkonditionen und vor allem günstigere Zollsätze bieten kann.

Lösung zu 3.3

Sowohl die Einzellautsprecher als auch die Lautsprecherboxen fallen unter die Positionsnummer 8518.

a) Für Exporte in einen arabischen Staat kann ein Ursprungszeugnis mit dem Ursprung Taiwan erstellt werden, weil kein Positionswechsel stattgefunden hat.

b) Für den Export in die Schweiz müssen alle Kriterien geprüft werden. Spalte 3: 1. Kriterium: Drittlandsanteil unter 40 Prozent. Gesamtwert der Importware = 79,91 EUR, das entspricht 20,23 Prozent des Ab-Werk-Preises. 2. Kriterium: Mehr EG-Anteile als Drittlandsanteile: Nicht erfüllt, weil 79,91 EUR mehr als 76,55 EUR sind. Alternativ Spalte 4 prüfen: Drittlandsanteil unter 25 Prozent ist bei 20,23 Prozent erfüllt.
Hiermit kann für Exporte in die Schweiz eine EUR.1 erstellt werden.

Lösungen zu 4.2.3

1. Zucchini haben die Warennummer 0709 9310 00 0. Der Zollsatz schwankt je nach Jahreszeit.
   a) Für Israel galt im Januar 2015 ein Zollsatz von 0 Prozent, wenn der Zollwert 48,00 EUR je 100 kg oder mehr beträgt. Darunter wird ein Gewichtszoll je 100 kg erhoben. Für den Juni 2015 wird der normale Drittlandszollsatz erhoben, der ab einem Warenwert von 41,30 EUR je 100 kg 12,8 Prozent beträgt. Unter diesem Wert kommt noch ein Gewichtszoll hinzu.
   b) Für Jordanien galt im Januar 2015 ein Zollsatz von 0 Prozent, ebenso im Juni 2015.

   In beiden Fällen muss die Ware von einer EUR.1 begleitet werden. Der Text wurde übrigens im Januar 2015 geschrieben – die Zollsätze für Juni sind auch im Voraus ermittelbar.
2. Die Warennummer lautet 1806 3210 00 0. Der Zollsatz für Schweizer Schokolade ist 0 Prozent, wenn die Ware von einer EUR.1 begleitet wird. Ansonsten müsste man wieder die Rezeptur (Milchfett, Milchproteine und Zucker) wissen.
3. Die Warennummer lautet 2208 4039 00 2004 0. Der Zollsatz beträgt 0,60 EUR je Vol.-% Hektoliter + 3,20 EUR je hl, die Verbrauchsteuer beträgt 1.022,00 EUR je hl reiner Alkohol.
4. Die Warennummer lautet 6109 1000 00 0. Der Zollsatz für China beträgt 12 Prozent, für Bangladesch 0 Prozent, wenn ein Formblatt A vorgelegt wird (sonst auch 12 Prozent).
5. Die Warennummer lautet 6204 6231 90 0; der Zollsatz für Bangladesch beträgt 0 Prozent mit Formblatt A, für China 12 Prozent und für Indonesien 9,6 Prozent mit Formblatt A.
6. Die Warennummer lautet 8471 7030 80 0, der Zollsatz ist 0 Prozent.
7. a) Die Warennummer für den Wagen mit Benzinmotor lautet 8703 2319 00 0, der Zollsatz beträgt 10 Prozent.
   b) Für das Dieselfahrzeug aus Korea lautet die Warennummer 8703 3219 00 0, der Zollsatz ist 0 Prozent bei Vorlage eines Formblatts A, einer EUR.1 oder einer Ursprungserklärung auf der Rechnung (letzteres wegen des Warenwerts eher unwahrscheinlich).

Lösungen zu 4.2.4.1

1. Aufgabe:

Rechnungspreis	10.000,00 EUR
+ Seefracht	1.826,31 EUR
+ Transportversicherung	138,50 EUR
Zollwert	**11.964,81 EUR**

Erläuterungen: Der Vorlauf in Manila gehört zum Zollwert, ist aber schon im Rechnungspreis enthalten. Der Nachlauf ab Rotterdam ist EG-Transport und gehört somit nicht zum Zollwert.

2. Aufgabe:

Anbieter 1:

Rechnungspreis	95.000,00 USD	76.954,23 EUR	= Zollwert (da CFR)

Anbieter 2:

Rechnungspreis	68.000,00 EUR
+ Seefracht	1.012,56 EUR
Zollwert	**69.012,56 EUR**

Der 2. Anbieter hat den niedrigeren Zollwert.

3. Aufgabe:

Rechnungspreis	44.578,00 USD	
- 2 % Skonto	891,56 USD	
Rechnungspreis nach Skontoabzug	43.686,44 USD	35.387,96 EUR
- 22 % Luftfracht		218,04 EUR
Zollwert		**35.169,92 EUR**

Erläuterungen: Skonto in handelsüblicher Höhe ist immer absetzbar, sofern Skonto auf der Rechnung ausgewiesen ist; zum Zeitpunkt der Einfuhr ist die Ware ja 2 Prozent weniger wert. Bei der Lieferbedingung CPT ist die Luftfracht zu 100 Prozent im Rechnungspreis enthalten. Da nur 78 Prozent bis zum Verbringungsort zu berücksichtigen sind, kann man 22 Prozent der Luftfracht subtrahieren.

Lösungen zu 4.2.7
1. Aufgabe:

Bei richtiger Einreihung ergibt sich die Warennummer 6306 2200 00 0 und ein Zollsatz von 12 Prozent, EUSt 19 Prozent. Die Einfuhrabgaben berechnen sich wie folgt:

Rechnungspreis	14.054,41 EUR	
+ Seefracht	1.910,64 EUR	
Zollwert	15.965,05 EUR	
+ 12 % Zoll	1.915,81 EUR	= Einfuhrabgabe
+ THC	210,00 EUR	
+ Anschlussfracht	678,00 EUR	
EUSt-Wert	18.768,86 EUR	
19 % EUSt	3.566,08 EUR	= Einfuhrabgabe

Einfuhrabgaben = Zoll + EUSt = EUR 5.481,89

2. Aufgabe:

Warennummer: 2102 2100 00 0, Zollsatz: 4,5 Prozent, höchstens 0,80 EUR je Stück, EUSt 19 Prozent. Hiermit muss alternativ gerechnet werden:

Rechnungspreis	27.182,06 EUR
- 30 % Luftfracht	123,97 EUR
Zollwert	27.058,09 EUR
4,5 % Zoll	1.217,61 EUR

Alternativ: 1.000 St. x 0,80 EUR = 800,00 EUR = Höchstzoll.

Einfuhrabgaben

Rechnungspreis	27.182,06 EUR	
+ Zoll (1.000 x 0,80)	800,00 EUR	= Einfuhrabgabe
EUSt-Wert	27.982,06 EUR	
19 % EUSt	5.316,59 EUR	= Einfuhrabgabe

Gesamteinfuhrabgaben: Zoll + EUSt: 6.116,59 EUR.

3. Aufgabe:

Da Regale überall aufstellbar sind, ergibt sich die Warennummer 9403 6090 00 0, der Zollsatz ist 0 Prozent, EUSt 19 Prozent.

Rechnungspreis: 15,95 EUR x 300 = 4.785,00 EUR.

19 % EUSt = 909,15 EUR.

Da die Lieferung CPT Frankfurt erfolgt, sind alle Kosten enthalten, die der EUSt unterliegen.

4. Aufgabe:

Die Warennummer lautet 0702 0000 99 0, der Zollsatz variiert im Lauf des Jahres. Neben dem Drittlandszollsatz gibt es einen Präferenzzollsatz und Windhundkontingente. Exemplarisch werden die günstigsten Windhundzollsätze vom Februar und Juli (2015) genommen:

Februar

6	46,1 EURO 100 Kilogramm	0 + 0 EURO 100 Kilogramm
7	45,2 EURO 100 Kilogramm	0 + 0,9 EURO 100 Kilogramm
8	44,3 EURO 100 Kilogramm	0 + 1,8 EURO 100 Kilogramm
9	43,3 EURO 100 Kilogramm	0 + 2,8 EURO 100 Kilogramm
10	42,4 EURO 100 Kilogramm	0 + 3,7 EURO 100 Kilogramm
11	0,0 EURO 100 Kilogramm	0 + 29,8 EURO 100 Kilogramm

Juli

1	**52,6 EURO 100 Kilogramm**	**4,8**
2	51,5 EURO 100 Kilogramm	4,8 + 1,1 EURO 100 Kilogramm
3	50,5 EURO 100 Kilogramm	4,8 + 2,1 EURO 100 Kilogramm
4	49,4 EURO 100 Kilogramm	4,8 + 3,2 EURO 100 Kilogramm
5	48,4 EURO 100 Kilogramm	4,8 + 4,2 EURO 100 Kilogramm
6	0,0 EURO 100 Kilogramm	4,8 + 29,8 EURO 100 Kilogramm

Rechnungsbetrag	2.850,00 EUR
- EG-Fracht	720,00 EUR
Zollwert	2.130,00 EUR

Dividiert durch das angegebene Gewicht: 2.130 : 42,5 = 50,12 EUR pro 100 kg. Das bedeutet: Im Februar ist die Ware zollfrei (wenn sie von einer EUR.1 begleitet wird und das Kontingent noch offen ist). Im Juli sind 4,8 Prozent + 3,20 EUR je 100 kg zu zahlen (Grund: jetzt reifen die Tomaten auch in den EG-Staaten).

Rechnung Februar
2.850,00 EUR x 7 % EUSt = 199,50 EUR.

Rechnung Juli

Zollwert	2.130,00 EUR	
+ 4,8 % Zoll	102,24 EUR	= Einfuhrabgabe
+ Agrarzoll (3,20 x 42,5)	136,00 EUR	= Einfuhrabgabe
+ EG-Beförderung	720,00 EUR	
EUSt-Wert	3.088,24 EUR	
7 % EUSt	216,18 EUR	= Einfuhrabgabe

Einfuhrabgaben insgesamt: 454,42 EUR

5. Aufgabe:

Die Warennummer lautet 8509 4000 00 0, der Zollsatz ist »frei«, wenn die Ware von einem Formblatt A begleitet wird. Insofern ist nur der Rechnungspreis in EUR umzurechnen (in dem ja alle Transportkosten und die Versicherung enthalten sind) und hiervon 19 Prozent EUSt zu berechnen:

4.604,31 EUR x 19 % = 874,82 EUR EUSt.

Ohne Formblatt A (oder aus einem anderen Land) müssten der Zollwert festgestellt und 2,2 Prozent Zoll berechnet werden.

Zusatzaufgabe

Zum Schluss eine Aufgabe mit Belegen. Tarifieren Sie, ermitteln Sie die Warennummer(n), den Zollsatz und die Einfuhrabgaben. Die Lösung finden Sie auf den Arbeitshilfen online.

Wu Shen Leathers
Tsingdao Rd. 34 - 38
Ghuangdong
Peoples Republic of China

Invoice No. 2340902

Invoice

Client

Name:	MH Ledermoden
Address:	Orber Str. 34
Zip-code	60348 — City: Frankfurt am Main
Country	Germany
Phone	0049-69-4200458

Date	JJJJ.MM.TT
Order No.	96873-13
Seller	Mr. Lee

	Commodity		TOTAL
200	Leather jackets for men black Nappa	123,45 $	24.690,00 $
300	Leather Trousers for women, black Nappa	128,95 $	38.685,00 $
	100 CT marked WSL 01 - 100		
	gr. Weight: 2310 kgs, net weight: 2000 kgs		
	Merchandise is of Chinese origin		
	Container No. HLCU 407234		
	Encl.: Certificate of Origin Form A		

Sum	63.375,00 $
Airfreight	0,00 $
Tax	
Tax	
Total USD	63.375,00 $

Payment Terms	L/C
delivery Terms	FOB Shanghai
Date	JJJJ-MM-TT
Shipping	by vessel "Busan Express"

EUROSPED GmbH

Internationale Spedition

Eurosped GmbH, Hanauer Landstr. 360, 60341 Frankfurt

Rechnung Nr. 13-11245

Kundennummer 0815	Speditionsauftrags-Nr. 2345	vom	Datum TT.MM.JJJJ

Sendung

Zeichen und Nr.	Anzahl	Packstück	Inhalt	Brutto-Gewicht in kg
WSL 01 - 100	100	Karton	Lederkleidung	2310

Pos.-Nr.	Text	MWSt-frei	MWSt- pflichtig Euro
01	Seefracht Shanghai - Hamburg laut Auslage	985,78	
02	Security Charges und Atlas-Gebühren	21,17	
03	THC in Hamburg (inkl. Containerstripping)	98,00	
04	T1-Eröffnung	45,00	
05	Transport Hamburg Frankfurt Sammelladung	348,50	
	19 %. MWSt		
	Rechnungsbetrag	**1498,45**	

Geschäftsräume Hanauer Landstr.. 360 60431 Frankfurt Telefon:069/29856742 FAX: 069/29856733 Bankverbindung Commerzbank Frankfurt IBAN: DE48 5001 0000 0486 5005 1000 BIC: CODEFF

Abbildungsverzeichnis

Abkürzungsverzeichnis

Abgabenordnung	AO
Air Way Bill	AWB
Allgemeines Präferenzsystem für Entwicklungsländer	APS
Anschreibeverfahren	ASV
Ausfuhrbegleitdokument	ABD
Ausfuhrkontrollmeldung	AKM
Außenhandelsstatistik-Gesetz	AHStatG
Außenwirtschaftsgesetz	AWG
Außenwirtschaftsverordnung	AWV
automatisiertes Tarif- und lokales Zollabwicklungssystem	ATLAS
Bundesamt für Wirtschaft und Ausfuhrkontrolle	BAFA
Carriage paid to	CPT
Carriage, insurance paid to	CIP
Chemiewaffenübereinkommen	CWÜ
Comprehensive Economic and Trade Agreement	CETA
Convention of International Trade of endangered Species (Washingtoner Artenschutzabkommen)	CITES
Cost on freight	CFR
Cost, insurance, freight	CIF
Delivered at place	DAP
Delivered at terminal	DAT
Delivered, duties paid	DDP
dezentraler Kompetenzpartner	DezKomP
Economic Operators' Registration and Identification Number	EORI-Nummer
Einfuhrumsatzsteuer	EUSt
elektronische Steuererklärung	ELSTER
elektronischer Zolltarif	EZT
Europäische Freihandelsassoziation	EFTA
Europäische Gemeinschaft	EG

Europäische Gemeinschaft Kohle und Stahl	EGKS
Europäische Union	EU
Europäische Wirtschaftsgemeinschaft	EWG
Europäischer Wirtschaftsraum	EWR
Ex works	EXW
Free alongside ship	FAS
Free carrier	FCA
Free on board	FOB
gemeinsame Sicherheits- und Außenpolitik	GASP
gemeinschaftliches bzw. gemeinsames Versandverfahren	gVV
Gewichtshundertteile (Prozent)	GHT
Harmonisiertes System	HS
Industrie- und Handelskammer	IHK
International Commercial Terms	Incoterms®
Internationale Handelskammer	ICC
Movement Reference Number	MRN
Nomenklatur Import Export Europa	NIMEXE
North American Free Trade Association (Nordamerikanisches Freihandelsabkommen)	NAFTA
Single Authorization for Simplified Procedures	SASP
summarische Anmeldung	SumA
Transatlantic Trade and Investment Partnership	TTIP
überseeische Länder und Gebiete	ÜLG
unvollständige Zollanmeldung	UZA
Verbote und Beschränkungen	VuB
vereinfachtes Anmeldeverfahren	VAV
Vereinte Nationen	UN
Vorschriftenverwaltung Finanzverwaltung	VSF
Warenverkehrsbescheinigung	WVB
World Customs Organisation (Weltzollorganisation)	WCO
World Trade Organisation (Welthandelsorganisation)	WTO

Zollkodex	ZK
Zollkodex-Durchführungsverordnung	ZK-DVO
Zollverwaltungsgesetz	ZVG
zugelassener Empfänger	ZE
Zusatzcode	ZC

Stichwortverzeichnis

Inklusive Arbeits-hilfen online

Exklusiv für Buchkäufer!

Ihre Arbeitshilfen zum Download:

- **http://mybook.haufe.de/**
- **Buchcode:** HWH-7076